Scarpette Rosa

progetto grafico della copertina e illustrazioni: Sara Not

progetto grafico dell'interno: Gaia Stock

ISBN 978-88-477-2220-0

www.edizioniel.com

Beatrice Masini

DANZA ALLA RUSSA

Edizioni EL

L'Accademia è una scuola di danza da romanzo, con regole da romanzo, in cui succedono cose da romanzo. Assomiglia a tante scuole di danza vere, ma non è nessuna di loro. Vera, invece, è la fatica che ciascuno dei protagonisti ci mette per inseguire il suo sogno.

UNA PRIMAVERA-LAMPO

Com'è che a volte il tempo non passa mai e poi all'improvviso accelera e ti scappa via fra le dita e non riesci nemmeno a contarlo, men che meno a prenderlo, a fermarlo, e le cose succedono di corsa, confuse, ammucchiate l'una sull'altra, senza che si riesca a capire cosa è giusto e cosa è sbagliato, cosa va bene e cosa no? A Zoe non sembrava di avere fretta, non le è mai scottato crescere, che è un modo di dire molto efficace della mamma di Leda: – Cos'è, ti scotta crescere? – dice, quando Leda le fa richieste di autonomia e libertà avventate o sproporzionate rispetto alla sua età. Questa primavera è arrivata fredda, nel senso che l'aria pungente e la pioggia sono durate piú del previsto e del desiderato, e Zoe ha avuto tutto il modo di farsi venir la nausea dei vestiti da inverno, ma tanto bisognava ancora mettersi quelli, giaccone e scarponcini, non c'era verso che il sole si decidesse ad asciugare il mondo.

È arrivata fredda e insieme frettolosa, perché poi, quando finalmente il tempo è cambiato, è successo da un giorno all'altro e la pelle, disorientata, non sapeva piú che genere di brividi provare, se di disagio o di emozione, ma insomma: – Il ritmo del corpo è andato a farsi benedire, – come ha commentato Demetra aggirandosi per la sartoria con la mano sulla schiena nel vano tentativo di attenuare la sua sciatica. – E non ci sono piú le stagioni, che è quello che dicono i vecchi sul tram e io rido, di solito, ma non c'è mica niente da ridere. O forse sono diventata vecchia anch'io tutto d'un colpo, – ha detto brontolando. Poi ha srotolato una stoffa nuova appena arrivata da Parigi, azzurro moiré, e le è tornato il sorriso sulle labbra.

Anche a Zoe piacerebbe che bastasse un bel tessuto a farla sorridere. La verità è che sente acuta la mancanza di Fantin, è come se finora fosse stata anestetizzata e solo adesso ne avvertisse intera l'assenza. Anche Nada lo rimpiange, e la cosa strana è che lo dice senza mezzi termini, incurante delle conseguenze che questo ha sull'amica.

– Era come essere alla pari. Anche se lui era sempre il maestro. Però potevi parlare. Dire quello che sentivi. Come a un amico.

Se ha fatto questo effetto su Nada, che in fondo lo conosceva da una manciata di mesi, è chiaro che i solchi che ha lasciato dentro Zoe sono ben piú profondi. Nada lo sa, e infatti non tenta nemmeno di competere: – Certo, per te è ancora piú dura. Per te era davvero un amico, – dice. E ogni tanto Zoe piange in silenzio, senza cercare di nascondere le lacrime.

In compenso, se temeva la reazione brusca di Rocco alla sua decisione di mettere una certa distanza fra loro, be', non è andata cosí. Lui si è limitato a scrollare le spalle in quel suo modo disarmante da surfista e a dire: – Capisco, baby.

Adesso esce con Francine.

– Non ci hai perso niente, – dice Leda a Zoe. – Anzi, lo sai cosa ti dico? Hai sempre avuto ragione tu. Ci hai visto lungo. Non è affidabile.

Che sciocchezza, pensa Zoe fra sé, senza darsi la pena di dirlo ad alta voce. Non si può pretendere da un ragazzo che sia affidabile. Sarebbe quasi contro natura. Io sono affidabile? Figuriamoci. Si guarda allo specchio e si dice che nemmeno il suo aspetto lo è. A volte quando si studia si trova moderatamente carina, insomma, accettabile. Certo, non una bellezza di quelle da far voltare la gente per strada, però i lineamenti sono regolari, gli occhi grandi,

le sopracciglia disegnano un arco intelligente. A volte invece le sembra che il naso si sia allungato durante la notte, che l'espressione della bocca sia severa, quasi aspra. E i capelli quando ci si mettono fanno quello che vogliono.

– Una bellezza incostante, – ha sentenziato la mamma un giorno che l'ha sentita borbottare insoddisfatta davanti alla propria immagine. Zoe ci ha riflettuto un attimo, poi ha detto: – Sí.

– Non è una mia frase, – ha detto la mamma. – È una citazione: Edith Wharton, *I ragazzi*. Aspetta un momento... – È sparita in sala ed è tornata con un libro alto, dall'aria gonfia, come ingrassa la carta che è stata maneggiata spesso, e con passione. – Penso che ti piacerà. E la bellezza incostante di cui ti dicevo è una delle protagoniste. All'inizio è quasi una bambina, la sorella maggiore di una fila di fratellini ricchi e trascurati, e il protagonista maschile senza nemmeno rendersene conto ne cade innamorato. La rivedrà parecchi anni dopo, ormai donna... Ma non ti dico altro. Lei, l'autrice, era una signora eccezionale. Guidava la macchina, e stiamo parlando degli anni Venti, Trenta. Si occupava di arredamento. E scriveva romanzi magnifici. Un po' da donne, direbbe tuo papà. Nel senso che sono soprattutto i personaggi femminili a brillare. Ma per noi vanno bene.

– Essere degna di una sua citazione non mi rende piú soddisfatta di me, – ha detto Zoe, passandosi le mani sulle guance. – Guardami.

– Ti vedo, – ha detto la mamma. – E secondo me tu ti vedi diversa da come ti vedo io. È ovvio. Questione di punti di vista.

– Diversa come?

– Piú bella. Tu sei ipercritica, Zoe. Ti guardi con la lente d'ingrandimento. Se separi i dettagli, per forza vedi un mostro. Ma è l'insieme che conta. Ed è fatto di occhi, bocca, naso, capelli, ma anche di come cammini, di come ti muovi...

«Ah, certo, – pensa Zoe, ribelle. – Adesso attacca con la tirata della danza che comunque è stata un ottimo investimento, perché un portamento del genere non è una cosa innata...» Sbuffa in anticipo, scrolla le spalle e va via, senza restare a interpretare l'espressione della mamma. Tanto la può indovinare: perplessa, un po' seccata. Forse amareggiata, se le ha letto nel pensiero come riesce a fare cosí bene, e in modo cosí irritante, da qualche tempo in qua. Non può fare l'adulta e basta, quella che non capisce?

Perché deve mettersi nei suoi panni, e deve riuscire a farlo cosí bene da diventare fastidiosa?

Insomma, in questo tempo che corre, in questa primavera al galoppo – e si sta galoppando anche verso gli esami, tra l'altro – Zoe deve mettere in conto una serie di piccoli incidenti con la sua famiglia. Ha la sensazione di essere al limite, che nessuno sia piú disposto a essere indulgente con lei a causa della perdita di Fantin e delle sue smanie adolescenziali. Ma non ci può far niente: le rispostacce le salgono alle labbra come se fossero state già pronte da tempo, colpi in canna, un fuoco di fila, mitragliate di cattiveria gratuita. Come quando ha dato della scema a Marta solo perché non si districava con le preposizioni articolate e faceva una gran confusione con gli articoli determinativi e indeterminativi. O ha preso le mollette luccicose di Sara senza chiedergliele, provocando un piccolo caso diplomatico risolto solo con le sue scuse mugugnate. O ha detto al papà «che noia» mentre lui la invitava ad andare a trovare la nonna, che da secoli chiede di lei senza nemmeno ricevere una telefonata di cortesia.

Comunque, per riparare almeno in parte a quel «che noia», che le ha già meritato uno scappellotto, adesso ci sta andando, dalla nonna. Controvoglia, come un mulo trascinato per la cavezza, con la differenza che si trascina da sola: a vedersi da fuori fa anche ridere, da dentro un po' meno.

Ecco: ora che è arrivata a destinazione e si è installata nella sua poltrona preferita, con la sua cioccolata preferita che fuma piano nella sua tazza preferita, con un delicato disegno di rose rosa e un manico cosí sottile che solo a prenderlo tra le dita ti sembra di poterlo spezzare, Zoe è contenta. A volte si fa fatica a fare certe cose, sembra di non averne proprio la forza e la voglia, e invece è cosí facile, dopo, scoprire che andavano fatte, che era giusto cosí.

– Era un po' che non ti vedevo, – dice la nonna mentre aspettano che la cioccolata si raffreddi. Però non infierisce, non insiste, e siccome Zoe non accenna a scusarsi (non che non ne senta la necessità, ma pensa che peggiorerebbe le cose, che sarebbe imbarazzante) l'argomento viene lasciato cadere, e via.

– Sei cambiata, sai, – riprende la nonna dopo un lungo silenzio, che Zoe ha occupato assaggiando la deliziosa bevanda.

– Be', sai, nonna. Cresco.

– Eh, è una malattia che viene proprio a tutti –. La nonna ridacchia. Nella luce obliqua del primo pomeriggio che filtra dalle tende trasparenti, appare fragile piú del manico delle sue tazze; il bianco dei capelli è quasi un alone attorno alla testa; le rughe sono fini, pieghettate, e la pelle sembra sul punto di sbriciolarsi. Dov'è finita quell'altra nonna, quella che la inseguiva per i corridoi, instancabile nei giochi, e sapeva prenderla in giro senza offenderla, farla ridere di sé? E soprattutto, si chiede Zoe, dov'ero quando quella nonna là è andata via? Questa che è rimasta è irrimediabilmente vecchia.

E come spesso succede ai vecchi, come succedeva sempre a Fantin, che è il vecchio che Zoe ha conosciuto meglio, ha il dono della preveggenza. – Lo so cosa pensi, – dice, posando la tazzina da cui ha tratto un sorso da uccellino. – Che sono un rudere. È vero. È cosí che mi sento. Non so, è successo tutto d'un colpo: un giorno ero quella di prima, poi mi sono svegliata e mi sono sentita strana, come vuota. Eppure ne ho ancora tante, di cose da fare, di cose a cui pensare, – dice, e si capisce che parla tra sé, come per convincersi. A Zoe in questo momento fa tenerezza. Le fa venir voglia di abbracciarla stretta e tenersela vicina. E siccome una cosa che Zoe ha imparato è che coi vecchi non bisogna rimandare, si alza e senza indugio lo fa.

La fragilità che sente attraverso il golfino azzurro le mette i brividi. E si rende conto che si sono scambiate i ruoli, loro due: adesso una è grande e l'altra è piccola. Una consola e l'altra è consolata. Una si abbandona e l'altra stringe.

– Allora, – dice la nonna dopo un po', quando il momento di tenerezza è passato e ciascuna è tornata al suo posto. – Quando eri piccola venivi da me e volevi sempre guardare le foto di quando eri ancora piú piccola. Adesso ti è passata quella mania lí? Immagino di sí. Però riordinando ne ho trovata una che secondo me ci era sfuggita. Guarda un po' –. E apre il libro che ha accanto a sé sul tavolino: la foto è lí dentro, forse ce l'ha tenuta perché si appiattisse bene, oppure solo per averla a portata di mano.

Zoe la prende, e sulle prime non riconosce il soggetto. Ma è solo perché, come ha detto la nonna, quell'immagine deve esserle sfuggita, probabilmente non l'ha mai guardata prima. Solo cosí, medita, si spiega come mai ci riconosciamo nelle foto anche se ci ritraggono come non ci siamo mai visti, o non abbiamo memoria di esserci visti. È una bambina, è minuta, avrà tre, quattro anni. In mutande e canottiera. Scalza. E accenna un *plié* impeccabile, non fosse che le gambe ancora rotonde da prima infanzia la fanno sembrare un pupazzo piú che quello che aspira a sembrare: una vera ballerina.

– Ma questa sono io, – dice. – Non sapevo...

– Di aver cominciato a pensare alla danza da cosí piccola? È solo che non te lo ricordi. Ma ballavi, ballavi... non facevi altro. Con la musica, se c'era, ma anche senza. Come se ce l'avessi dentro la testa. Quando si dice vocazione... Non ho mai conosciuto una bambina piú ostinata di te, sai. Nel perseguire i propri desideri, intendo. Tua sorella Sara diceva che da grande avrebbe fatto il veterinario, e adesso mi dicono che in scienze ha qualche problema...

– Diciamo pure che odia la materia, nonna, – interviene Zoe. – No, non credo che farà qualcosa di scientifico.

– Non sa ancora cosa farà, giusto? Tu invece l'hai sempre saputo. E sono sicura che anche nei momenti difficili questa sicurezza è stata per te come un faro, un fanale. Sei fortunata, sai.

– Dici? – Zoe è stranamente intimidita da queste affermazioni della nonna. Non sa perché, ma le sente quasi come un peso. Come se essendo troppo affezionati a un'idea si rischiasse di venirne offuscati. Altroché faro e fanale. La nebbia, la nebbia delle cose da fare, da scegliere...

Ma la nonna non la lascia dubitare. Riprende, come seguendo il filo dei propri pensieri: – Mi hanno detto che vai a San Pietroburgo. Ai miei tempi si chiamava in altri modi: Leningrado, Stalingrado... poi sono tornati indietro. Ma è piú bello cosí. Portami una matrioska, ma bella, non di quelle da turisti. Cercala per me. È una missione.

Ah, le matrioske. L'ultima cosa che Zoe ha in mente di questi tempi sono i souvenir. La sua escursione russa, che ormai si avvicina a grandi passi, non sarà propriamente una gita. E quella nebbia, quei dubbi: farò bene ad andare? Me la sento, di misurarmi con una scuola cosí importante? E stare tutto il tempo sotto gli occhi di Madame, ma da ospite? È come se Zoe sentisse di doverle far fare bella figura a tutti i costi. Come se Madame in un certo senso fosse responsabile per lei. E lei si sente responsabile alla rovescia.

– Meno male che viene anche Laila, – dice, piú a se stessa che alla nonna. Sí, perché vista l'occasione è stata prescelta un'altra persona a rappresentare l'Accademia, e fra i candidati si è fatta largo (prevedibilmente) Laila.

– Eravate già state a Londra insieme, vero? – dice la nonna. – E mi pare che vi foste divertite...

– Sí, ma ero piú piccola. Piú svagata, credo. Insomma, o mi ricordo malissimo, oppure mi preoccupavo la metà di adesso. Mi sembra di essere partita leggera. Adesso è come se avessi un grumo di piombo al posto del cuore.

– È che sei piú grande, cara. Capisci che non è una vacanza. Ma non farti schiacciare dalle preoccupazioni. Sarebbe un peccato, non godersi un'occasione del genere solo perché hai paura di deludere qualcuno. È cosí, vero?

– Mmm –. Zoe fa sí con la testa, non ha voglia di dire altro. La nonna capisce. Tra loro cala un silenzio buono, complice, tranquillo. Fuori piove, ma piano. Poter restare qui per sempre, qui al sicuro, dove nessuno ti chiede di essere qualcosa...

Ma non si può.

BALLERINA IN TRASFERTA: ISTRUZIONI PER L'USO

Gli esami sono andati e venuti con una rapidità straordinaria. È passato solo qualche giorno, ma a Zoe sembra già un secolo. Tutta quell'apprensione, quella tensione, i giorni passati a preparare tesine e ricerche, a mettere a punto schemi fatti al computer e poi stampati, a ripassare programmi che sembravano interminabili, oceanici, vastissimi... E quei pomeriggi a ripetere, da sola, in due, e qualche volta anche in tre o quattro, una gran perdita di tempo, tutto sommato, con la scusa che avere un piccolo pubblico preparava di piú al clima delle prove... Be', è andata. È anche andata bene, sono usciti tutti con ottimo o distinto, gli amici. Lei è una da ottimo, lo sperava e un po' se lo aspettava anche, non ha perso la calma durante le prove, è stata brava. Fortunata, anche, perché le hanno chiesto tutte cose che sapeva, e non è vero il contrario, ossia che sapesse proprio tutto quello che potevano chiederle.

Ma gli esami, sospetta, sono un po' cosí: dipendono da tante cose, da come ti alzi la mattina, da come si sono alzati quelli della commissione... anche se c'è una parte piú solida, ed è quello che si è riusciti a mettere da parte e costruire nel tempo. I voti già presi, le valutazioni ottenute. Un po' come il bagaglio di tecnica nella danza: quello non te lo porta via nessuno. L'interpretazione, poi, sta nell'attimo, e secondo le circostanze può cambiare molto.

Comunque, la sua interpretazione di ragazzina di tredici anni che affronta il primo esame scolastico serio della sua vita è andata benissimo. Anche se, di nuovo, la danza ha fornito una sorta di allenamento indiretto: tra prove di ammissione, provini, audizioni, prove di conferma, la vita da ballerina di Zoe è stata tutta un esame, a partire da quando aveva sei anni. E quindi è abbastanza addestrata, se cosí si può dire, a controllare la tensione, a tenere al guinzaglio l'emotività, che sono acerrime nemiche di qualunque prestazione seria. Questa forma di autocontrollo le è servita molto per affrontare temi e problemi e interrogazioni. L'ha fatta sentire salda e tranquilla.

Cosí adesso può partire per San Pietroburgo sentendo che è una specie di premio. Anche se a ben pensarci non sa se è proprio cosí, non è affatto sicura. Premio o punizione? Come può una cosa molto desiderata assumere lentamente l'aspetto di un'afflizione, di una tortura? C'è una strana ansia che la invade, giorno dopo giorno, prendendosi sempre piú spazio via via che si avvicina la data della partenza...

– Ecco, ho trovato. Senti un po' qui. «L'Accademia di ballo Vaganova è una delle scuole di balletto piú celebri del mondo. È stata la prima scuola di danza teatrale in Russia. Fondata nel 1738 a San Pietroburgo per decreto imperiale dall'imperatrice Anna Ivanovna, ebbe come primo insegnante della scuola il francese Jean-Baptiste Landé. Un altro francese, il coreografo Charles Didelot, vi giunse come direttore nel 1801 e vi rimase per vent'anni, fino alla morte, formando grandissimi ballerini come Avdotia Ilinicna Istomina (mai sentita), che fu ignota all'estero perché non si esibí mai al di fuori dei confini della Russia (ah, ecco). Tra gli altri importanti coreografi ospiti vanno citati Jules Perrot (*Giselle*, *Esmeralda*) e Marius Petipa, che per il Balletto Imperiale (la scuola si chiamava cosí) creò *Il lago dei cigni*, *La bella addormentata*, *Lo Schiaccianoci*, *Raymonda*, *La Bayadère*...» Poi c'è della roba noiosa, troppo tecnica anche per noi... Ecco, adesso ricomincia con le informazioni importanti: «Dall'Accademia Vaganova sono usciti ballerini del calibro di Anna Pavlova, Rudolf

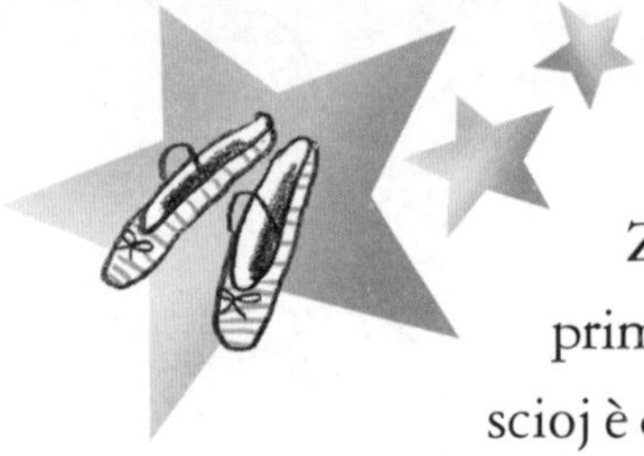

Nureyev, Natalia Makarova, per arrivare alla giovane Svetlana Zakharova, che dopo essere stata prima ballerina del Mariinsky e del Bolscioj è di recente stata nominata *étoile* del Teatro alla Scala». Ecco, Zoe. Adesso sai tutto –. Leda sbircia l'amica da sopra lo schermo del computer, che dà una luce strana, quasi verdina, al suo volto, e sembra allungarlo, anche.

– Assomigli a una Villi, – le dice Zoe dal letto. – Un fantasma di ragazza. Luuugubre...

– Mi spieghi che cosa c'entra? – replica Leda. – Ti credevo interessata al posto dove stai andando. Puoi almeno far finta, visto che mi sono dannata a cercare tutte queste notizie.

– Be', insomma, dannata. Sai che fatica, navigare...

– Intanto l'ho dovuto fare io per te. Lo sai che non ti riconosco, Zoe? Sembri una larva. Un'ameba. Se fossi al tuo posto sarei tutta eccitata, tutta un brivido, non riuscirei a stare ferma...

– Ecco, appunto. Ma tu non sei me –. Il tempo di dirlo, e Zoe si rende conto di aver davvero esagerato: non è solo una rispostaccia di quelle che tra amiche sono permesse, è una frase piú subdola, un modo per segnare la differenza, per tracciare un solco tra chi va e chi resta. Zoe sa benissimo che la sua partenza ha suscitato un sacco di pettegolezzi all'Accademia, e non tutti del genere buono, o che ti fa sentire bene, privilegiata, speciale. C'è chi ha detto, con una smorfia, «è sempre stata la cocca di Madame, quella», chi ha commentato «la fortuna è ingiusta». E chi ha avuto la premura di venirglielo a raccontare, cosa di cui Zoe avrebbe fatto volentieri a meno.

– Scusa, – mormora Zoe davanti all'espressione accigliata di Leda. – È che sono un po' nervosa.

– Ma va', macché nervosa. Mi sembri molle come una banana matura. Secondo me non è che hai tanta voglia di andare, e il perché è un mistero, ma forse, diciamolo, hai un po' paura... ma adesso non sai come dirlo, non puoi tirarti indietro... sei come una valigia già fatta, pronta per l'imbarco, che viene smarrita all'aeroporto. Ma su. Lasciati trasportare. Vedrai che le cose andranno benissimo.

– A proposito di valigie... mi aiuti a scegliere cosa portar via? Io non so decidermi...

– Non c'è molto da pensare: ho dato un'occhiata in rete, la temperatura massima d'estate è di venti gradi, quindi basta che tu apra l'armadio e butti dentro le cose che ti stai mettendo adesso. Magari aggiungi qualcosa di piú pesante, una giacca impermeabile, non so. E qualche golfino. Non so come, sarà un luogo comune, ma se dici Russia a me vengono subito i brividi... magari nevica.

– Sí, nevica a giugno...

– Be', se anche non nevica, sono sicura che farà freschetto. Avrai una voglia pazza di mare, te lo garantisco. Ho capito che il mare c'è anche là, ma ti ci voglio vedere, a metterci anche solo un piede dentro. Quello è solo da guardare, te lo dico io. E tanto perché ti roda un po' dall'invidia anche tu, oltre a me, ti dico che io al mare vero, quello caldino da tuffi e bagni, ci vado il giorno dopo che è finita la scuola. Crociera nell'Egeo col papà. Isole, mare, tramonti, pesce, tuffi, una meravigliosa abbronzatura di quelle che una ballerina non potrebbe mai, mai permettersi. Questa è vita... Ti penserò aggrappata alla sbarra, mentre fuori pioviggina e ti fanno male i muscoli perché devi far fare bella figura a Madame.

– Scema, – sbotta Zoe. E le scaglia un cuscino, con tale violenza che il portatile si chiude di scatto.

– Oh, sono riuscita a farti uscire dal guscio, tartaruga, – dice Leda ridendo. – Su, un po' di vita. Quando hai detto che arriva Jonathan? Dove lo portiamo? Hai intenzione di presentargli Rocco, cosí abbiamo la rissa assicurata? Me li immagino già, i titoli dei giornali: Due esotici ballerini si sfidano per i begli occhi di giovane promessa.

– Dieci volte scema, – insiste Zoe. – No che non glielo presento. Ti ricordo che Rocco non esce con noi da settimane.

– Meglio cosí. Non sopporto di vederlo abbarbicato a quella deficiente di Francine, che non lo perde di vista un attimo e annuisce qualunque cosa lui dica. Una donna-tappetino, diciamolo. Srotolata sotto i suoi piedi. Imbarazzante. E noi invece cosa siamo?

– Aquiloni, – risponde Zoe, lasciandosi cadere indietro sul letto dell'amica. – Farfalle. Nuvole.

– Qualunque cosa sia volatile e inafferrabile, eh? Sí, mi piace.

– Ma si può sapere perché parliamo sempre della mia vita sentimentale e mai della tua?

– Perché non esiste, forse?

– Bah. Tu mi nascondi qualcosa.

– Può anche darsi. E continuerò a nascondertelo finché mi gira.

– Ti odio quando fai la misteriosa.

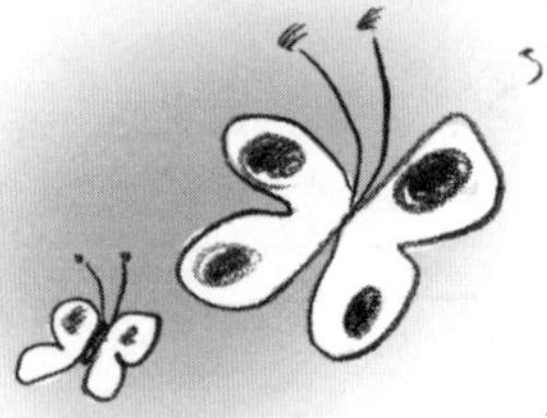

– Ti odio quando fai la banana molle. Sai cosa ti dico? Che stare un po' lontane ci farà bene. Siamo come quelle vecchie coppie acide che battibeccano sempre. Una bella dose di sana nostalgia, e torneremo tenere come agnellini. Che ne dici?

– Agnellino sarai tu.

– Comunque te ne prego, Zoe, comportati bene nella Grande Madre Russia. Non innamorarti di un ballerino sedicenne con gli occhi verdi, e nemmeno azzurri o neri: è banale. Non diventare amica fraterna di una di queste Svetlane o Ludmille, per favore: poi quando ce la ritroviamo all'Accademia come rivale come si fa? Non mangiare troppi blini, non so se il tuo stomaco regge la panna acida. Non abituarti alla vodka: va giú come acqua, ma poi picchia, te lo dice un'esperta di superalcolici. Non farti prendere dalla mancanza di casa: non sei una bambina di sei anni, sei una giovane promettente ballerina che probabilmente dovrà girare il mondo, se vuole combinare qualcosa. O meglio, se combina qualcosa sarà costretta a girare il mondo. Non mandarmi sette sms al giorno, perché sulla barca il telefonino non prende. Non pensare che ti manderò sette sms al giorno, perché se anche il telefonino prendesse sarò occupata a fare altro. Sono stata chiara? Basta con le raccomandazioni?

– Basta. Sembri mia madre.

– Da quand'è che dici «mia madre»? Lo sai che loro si offendono, se le chiami «madre»? Sono mamme per sempre, Zoe. Anche quando avremo cinquant'anni.

– Sembri mia mamma. Uguale spiaccicata.

– Si vede che ho una certa vocazione. Chissà se ci sono statistiche sulle figlie uniche. Se hanno soprattutto figli unici, intendo dire, o una prole numerosa. Dopo i trent'anni, certo. Prima devo fare carriera.

– Lo sai che sei proprio scema?

– Sono tua amica apposta.

E Zoe, andando a casa carica di informazioni, istruzioni, indicazioni, ordini, minacce, sa già che Leda le mancherà da morire.

PRIMA DI PARTIRE

Ma prima di partire ci sono altre occasioni per stare con Leda, e con gli altri. Il ritorno di Jonathan, appunto: nella parte di Germania dove abita ci sono delle strane vacanze, anche se poi si torna a scuola fino a metà luglio, e cosí lui e la famiglia hanno deciso di fare un giro a salutare i vecchi amici, visto che poi, per le vacanze vere, andranno in Spagna e non hanno in programma di fermarsi durante il viaggio, anche perché rischierebbero di non trovare piú nessuno.

Si incontrano tutti alla solita panchina, al parco, come se niente fosse, un po' per ridere un po' per dissimulare il vago imbarazzo a cui Lucas, onesto, dà voce per primo: – Ma avremo ancora delle cose da dirci?

– Come? E io che pensavo che le amicizie fossero per sempre... – scherza Leda mentre si avviano all'appuntamento.

– Sí, be', – ribatte Lucas, prendendola sul serio. – Ma alla nostra età si cambia in fretta.

Zoe si volta a guardarlo, perché le suona strano, un po' da vecchio, quel modo di dire «alla nostra età».

– Noi abbiamo una colla speciale, – interviene Laila, e tutti si voltano a fissarla, colpiti dall'espressione curiosa. – Ma sí, – continua lei, arrossendo. – La danza, no?

E ha ragione. La piccola, bizzarra Laila, che sembra sempre nel suo mondo fatto di musica e scarpette di raso, ha avuto ragione. Jonathan non è molto cambiato dal punto di vista fisico, era già alto, forse si è un po' irrobustito, ma in verità, pensa Zoe guardandolo in lontananza, è solo che si è come definito: è piú Jonathan di prima, ecco. I capelli sono un po' piú scuri, come succede a volte col rosso, e le lentiggini sono piú pallide, uniformate da un principio d'abbronzatura. Ma quando li abbraccia, e ride, e parla, è lo stesso Jonathan di sempre. O meglio, tutti sono quelli di sempre. Le battute con Lucas scorrono rapide e roventi come se si fossero salutati ieri sera dopo una giornata passata insieme; e quella sua affabilità naturale, quel buonumore contagioso sono immutati. – Siete tutte bellissime, – dice, generoso e imparziale. Ma il suo sguardo indugia su Zoe.

Insieme vanno al cinema, a vedere un nuovo film sulla

danza, Jonathan dice che a Berlino non è ancora arrivato e tutti gli altri si sentono tremendamente internazionali. È fiction, ma girata come un documentario, con degli strani andirivieni nel montaggio che scompongono la storia e la ricompongono tutta sfasata, per cui ci si mette un po' a entrare nel meccanismo, anche se i costumi di scena aiutano. Perché è la storia dell'allestimento di un balletto, dalla scelta dei protagonisti, audizioni e tutto, alle prove, ai costumi, alle scene. Zoe è rapita dalla parte delle prove, che è anche la piú lunga, ed è tutta di fila, non bizzarramente smontata e rimontata: sono cosí belle, le ballerine senza le piume e i lustrini, essenziali nelle loro tute un po' sciupate, nei colori pallidi o scuri della tenuta di tutti i giorni. Primi piani su facce struccate, occhi fondi, bocche che s'irrigidiscono quando un passo non viene come dovrebbe, e se fanno male le punte, e se uno strappo interrompe un esercizio il dolore è lí, palpabile, perché non c'è ragione di nasconderlo. C'è una danzatrice che diventa subito la sua preferita, forse perché un po' le assomiglia, come le sussurra Laila appena quella entra in scena: è fragile, ostinata, e alla fine, quando tutti se ne vanno, resta da sola nel teatro quasi buio a provare e riprovare una serie di giri che non le vengono proprio. Continua a inciampare, a perdere l'equilibrio, non chiude il giro come

dovrebbe. Eppure, piano piano, tentativo dopo tentativo, le asperità si appianano, le difficoltà si attenuano. E alla fine, sottile nella tuta nera con le maniche lunghe, pallidissima, tirata, le ciocche scure che le sfuggono sulla fronte e che lei si soffia via senza nemmeno fermarsi a riaccomodarle, alla fine ce la fa. Cosí poi fa un inchino profondo alla platea immaginaria e prima di uscire è lei a spegnere le luci, perché non era rimasto nessuno, nemmeno un tecnico, a farle compagnia.

Quando si danza si è sempre soli.

– A me è piaciuto il fatto che quella è una compagnia veramente internazionale. C'erano ragazzi di tutti i colori, – dice Lucas alla fine, mentre escono dal cinema.

– A me piace quando vanno in scena, – interviene Laila. – Perché allora è come se si fossero dimenticati tutta la fatica, e non fanno che sorridere. È come se facessero tutto senza sforzo. È cosí che deve apparire la danza, no? Come qualcosa che non costa nessuno sforzo.

– Sí, ma funziona solo se dietro c'è un lavoro enorme, lo sappiamo bene, – commenta Jonathan. – Dopo, in quell'ora di spettacolo, sembra tutto cosí naturale. Ma non c'è niente di naturale nella danza classica.

– E allora perché si continua a danzarla? – dice Lucas. – Voglio dire, me lo chiedo spesso. Lo sapete che io sono per la danza contemporanea. Perché mi sembra che esprima di piú. Quando danziamo il repertorio, facciamo cose che sono state già fatte milioni di volte. E magari anche meglio di cosí.

– Perché, perché, – dice Zoe, vagamente irritata. – Perché di sí. Perché è un patrimonio prezioso. Perché se continui a danzarla continui a farla vedere al mondo, e ci saranno altri che desiderano danzare ancora, e altri che desiderano vedere...

– Sí, ma non parla di noi. Non parla dei ragazzi, della vita, della solitudine...

– Come no? L'amore di Giselle è l'amore e basta, – s'infervora Zoe. – Un sentimento travolgente e non corrisposto. Non è una cosa antica, o passata di moda. È sempre la stessa cosa, anche se noi non viviamo in una foresta e non andiamo a caccia con un principe impostore.

– Brava, Zoe, – le dice Jonathan. – Lucas, non sono d'accordo con te. Zoe ha ragione. Le sensazioni, i moti del cuore che ci sono nel balletto classico sono senza tempo. Per quello ha ancora un senso, anche se sembra anacronistico. Come mai cosí polemico? In fondo studi in una scuola che si chiama l'Accademia, non la Polveriera dei Ribelli...

– Mah, non lo so. In fondo hai ragione, – dice Lucas. – La danza che piace a me usa gli stessi strumenti di quella classica. Sono solo piú liberi. Ma la base è quella.

– E senza basi non si va lontano... – s'inserisce Laila, citando Madame. Tutti riconoscono la frase e reagiscono in modi diversi: Leda, che finora è stata zitta, sbuffa. Zoe sorride e abbassa lo sguardo, perché si sente tremendamente coinvolta, come cocca ufficiale di Madame, e destinata a raggiungerla tra breve. Jonathan e Lucas si scambiano uno sguardo serio, come per dire «è vero».

E poi l'atmosfera si alleggerisce, nessuno ha voglia di essere cosí compreso nella parte, di recitare il giovane ballerino impegnato fino in fondo. È quello che sono, ma sanno anche dimenticarlo, ogni tanto. Come ora: insieme si avviano verso una delle solite gelaterie, un posto tranquillo e allegro che li ha visti tante volte nella stessa formazione. Infatti la cameriera li saluta e sorride in modo particolare a Jonathan: – È un po' che non ti fai vedere, rossino. Cambiato compagnia?

– Sono cambiate tante cose, – replica Jonathan, senza dire di piú.

E poi, mentre aspettano le ordinazioni, si rivolge a Zoe e le chiede, senza preamboli: – Contenta di andare?

– No, ti prego, Jonathan, ritira la domanda, – dice Leda, sgranando gli occhi e facendo le boccacce. – Se non vuoi sorbirti un elenco di dubbi e perplessità lungo da qui a San Pietroburgo, appunto. Io ne ho abbastanza, è un mese e mezzo che non sento altro.

– Perplessa? – dice Jonathan, sempre rivolto a Zoe.

– Ma no. Leda esagera come al solito, – risponde Zoe. – È solo che... be', diciamolo: ho un po' paura.

– Anch'io, – aggiunge Laila con un filo di voce. Come al solito, lei tende a sparire, e nessuno si accorge mai della sua presenza.

Jonathan avverte di essere stato in qualche modo indelicato ignorandola, cosí è lei che guarda quando dice: – Non ci posso credere. Voi due che avete paura. E di cosa? E di chi? Se siete sopravvissute ad anni e anni con Madame, qualunque altro insegnante vi sembrerà uno scherzo. Ve lo garantisco io: ero parecchio preoccupato quando sono andato via. L'idea di ricominciare daccapo, di affrontare nuovi confronti... e invece è andato tutto liscio, proprio perché venivo da un addestramento formidabile. E se temete le ballerine russe, be', secondo me adesso sono là che tremano e si mangiano le unghie nell'attesa del vostro arrivo. Poi ne conoscete già qualcuna, no? Mi avete parlato delle gemelle... fatevi raccontare da loro.

– Ah, se dobbiamo basarci sulla loro esperienza... – dice Leda. – Ma lasciamo perdere, – continua, in risposta allo sguardo interrogativo di Jonathan. – È una storia troppo lunga. E le due matrioskine adesso stanno benissimo. Ti va di conoscerle? Ti fermi dieci giorni, vero?

– Già, – dice Jonathan. – Peccato che voi siate in partenza, – aggiunge, rivolto a Laila e Zoe.

– Ti scriveremo, – dice Laila in uno slancio d'entusiasmo. – Chissà quante cose avremo da raccontarti...

– Ne sono convinto, – dice Jonathan. – E vi invidio. Vedrete un altro pezzo di mondo. Andate in una città bellissima, con una storia straordinaria. Un'esperienza in piú di cui fare tesoro.

Zoe lo guarda, ascolta il calore delle sue parole, si lascia avvolgere dalla loro intensità. Jonathan ha ragione. È una grande occasione, quella che sta per vivere. E farà meglio a coglierla fino in fondo. Ha deciso: basta lamenti, basta recriminazioni. Basta sciocche paure anticipate. Se ci saranno delle difficoltà, le affronterà al momento giusto.

Leda sembra leggerle negli occhi quella decisione tutta nuova, e senza dire niente le prende la mano e la stringe forte. Adesso Zoe è pronta per partire. Anzi, non vede l'ora. E all'improvviso le sembra tutto cosí piccolo e vecchio e noto e banale e noioso, le strade della città, gli edifici visti mille volte, perfino il sapore del gelato. Sono una pazza svitata, si dice, affondando il cucchiaino nell'enorme coppa che è appena atterrata davanti a lei. Non posso essere cosí incostante. Anzi, sí che posso. Però in fondo questo gelato non è cosí male...

A CASA DI MADAME

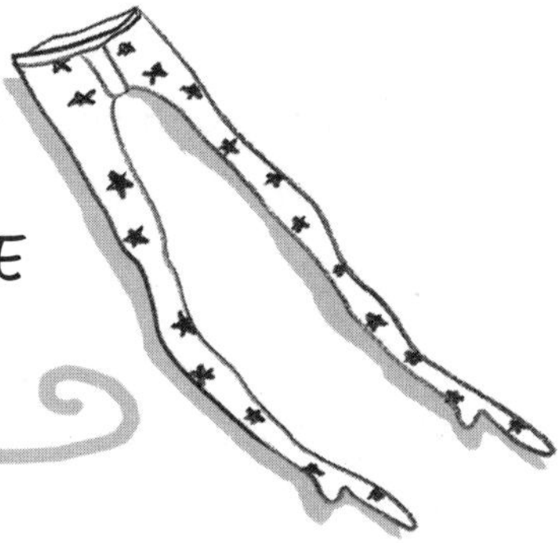

Casa di Madame è una città col profilo aguzzo, molta acqua che scorre, e laggiú il Mar Baltico pallido e freddo sotto il cielo coperto del primo giorno. Casa di Madame è la Prospettiva Nevskij, una strada grande, elegante, tutta palazzi antichi e negozi e vetrine, che però è facile, cosí facile immaginare duecento anni fa, con le carrozze che chioccolano sul selciato, ma no, quali carrozze? Meglio le slitte, perché per terra c'è la neve, tanta, fitta e pulita, non quei mucchietti di carbone che già il giorno dopo la nevicata sembrano ruderi o avanzi nelle città moderne. Allora, ci sono queste slitte che tintinnano, nei film hanno sempre dei campanelli, veramente devono essere i cavalli a portarli cuciti sulle briglie, sí, probabilmente è cosí, e le donne hanno mantelli col cappuccio bordato di pelliccia, le mani infilate nei manicotti, e ridono, ridono...

– Zoe. Zoe... ti sei incantata? Dobbiamo scendere, dai.

È la voce di Laila a riscuoterla dal mezzo sogno in cui si è infilata cosí volentieri, cosí facilmente.

Casa di Madame è la facciata adorna e severa del palazzo che le inghiotte. L'autista del furgoncino che è venuto a recuperarle all'aeroporto – loro e tre ragazze tedesche con cui si sono incontrate nell'immenso air terminal di Francoforte e con le quali hanno contemplato, con identico stupore, un tabellone delle partenze immenso, altissimo e lunghissimo – apre la portiera scorrevole e fa loro cenno di entrare. Appena dentro il portone viene loro incontro una signora alta e sottile, sulla quarantina, con straordinari occhi da gatto, che sorride e dice in un inglese lento e preciso che sono le benvenute, e se prego, la vogliono seguire.

Tre rampe di scale, uno scalone grande, di proporzioni principesche, e si ritrovano in un labirinto di piccole stanze, uffici. Sulle pareti, come all'Accademia, sono incorniciate locandine di spettacoli e foto di ballerini, tutte in bianco e nero, tutte chiuse nello stesso bordo d'acciaio. Zoe non li riconosce, Laila invece sí, e comincia a recitarne i nomi pieni di zeta e kappa come se fosse una filastrocca. – La smetti? – le sibila Zoe, inspiegabilmente irritata. Laila sgrana gli occhi e la fissa intimorita.

Casa di Madame è il salottino dove le accoglie, proprio lei, in carne e ossa: una stanza meno rigorosa delle altre, con divanetti di consunto velluto rosso scuro e tende di pizzo alle finestre che schermano la luce pallida del sole. – *Bienvenue*, care ragazze, – dice, alzandosi a stringere loro la mano. La segretaria che le ha scortate fa un sorriso breve e scivola via chiudendo la porta. Ecco: sono lí sigillate con Madame Olenska, fine del viaggio, inizio dell'avventura.

– Inutile che vi dica, – comincia Madame, saltando i preamboli, – che mi aspetto molto dal vostro soggiorno qui. Nel senso che ritengo che possiate dimostrare il valore dei vostri studi e la bontà degli insegnamenti che vi sono stati impartiti finora. Ma sono anche convinta che riuscirete ad assorbire un po' dello spirito che rende questa scuola speciale. Vi risparmio la storia, mi auguro che abbiate già preso informazioni come farebbe qualunque studente curioso, – e qui Zoe ringrazia mentalmente il giro in rete di Leda e la sua lettura ad alta voce tra un cuscino lanciato e l'altro. Madame s'interrompe, guarda fuori dalla finestra, torna a osservarle e continua, in tono un po' piú morbido: – San Pietroburgo è una bellissima città,

e anche se io ne apprezzo soprattutto il fascino d'inverno, questa è probabilmente la stagione giusta per assaporarlo senza finire assiderate. E poi voi non avete l'abitudine a questo tipo di freddo. Perdere un dito causa assideramento da gelo invernale sarebbe estremamente spiacevole per una ballerina, – dice. Starà cercando di essere spiritosa? – Ma insisto, – riprende, – a sottolineare che, svaghi a parte, dovrete concentrarvi sul lavoro e su quanto ci si aspetta da voi. Laila, non ho ragione di dubitare del tuo impegno. Zoe, tu sei piú incostante, – e qui Zoe vorrebbe negare, però Madame alza la mano ad anticipare la replica e lei resta a bocca chiusa, e forse è meglio cosí. – Ma sai anche dare molto, e tirare fuori molto. Conto sul fatto che il nuovo ambiente, lo spirito di emulazione, la responsabilità di cui siete investite vi dispongano bene verso questa esperienza, che certo è straordinaria e, se funziona, potrebbe essere l'inizio di una serie di scambi fra un'Accademia e l'altra.

– Già, hanno lo stesso nome... – osserva debolmente Zoe, prima che Madame la fulmini con lo sguardo. Osservazione davvero sagace.

– Ora sarete stanche. Tatjana Ulianova vi accompagnerà nella vostra stanza, dove potrete disfare i bagagli e riposarvi. Questa sera siete a cena da me. E domani alle otto si comincia.

Come richiamata dal suono del suo nome, la segretaria alta con gli occhi verdi ricompare sulla soglia e resta in attesa. Le ragazze si alzano, strisciano davanti a Madame, se ne vanno. – Uff, – dice Laila quando sono fuori, contando sul fatto che la signorina non le capisca. – Incontrare Madame è sempre cosí...

– Impressionante, sí, – completa la frase Tatjana Ulianova, senza voltarsi, in un italiano perfetto. – Vi posso capire. Io l'ho avuta come insegnante per dieci anni e non mi sono ancora del tutto ripresa –. Ridacchia, mentre Zoe e Laila si scambiano uno sguardo stupefatto. È Laila a dar voce alla curiosità di entrambe: – Lei... ma non è possibile... è troppo giovane per... e poi Madame è stata all'Accademia, la *nostra* Accademia, per un sacco di tempo... E come mai parla italiano cosí bene?

– Per essere due nuove arrivate siete tremendamente curiose, – taglia corto Tatjana Ulianova, e questa è la sua sola risposta. Con un sorrisetto sornione, le lascia sulla soglia di una stanza in fondo a un lungo corridoio bianco, due piani piú su di dove hanno incontrato Madame.

– L'autista sarà al portone alle sei e mezzo. Meglio non farlo aspettare. Madame detesta chi è in ritardo. Ma dovreste saperlo... – E se ne va.

Qualcuno ha portato fin qui i loro bagagli e li ha posati sul tappetino che divide i due piccoli letti con la testata di ottone. Sulla parete di fronte, una finestra guarda sulla Neva che scorre come un serpente lucido ai loro piedi. Canali rigano la città.

– È bello, – sospira Laila avvicinandosi al vetro. – Mi ricorda Paris. Ah, le città col fiume...

– Non fare la sentimentale. Sarà durissima, qui, – dice Zoe lasciandosi cadere sul letto. – Anche il materasso è durissimo.

– Fa bene alla schiena. Lo sai che i cuscini e i materassi molli accentuano la scoliosi, vero?

– Ma certo che lo so. Dormo con una tavola di legno sotto il letto da quando avevo cinque anni.

– Davvero? – Laila sgrana gli occhi.

– Ma no, scema. Scherzavo.

– Non prendermi in giro. E non chiamarmi scema.

Zoe incrocia le mani dietro la testa e sbuffa. Lo sapeva, che il senso dell'umorismo di Laila non è proprio sintonizzato sul suo. Sarà uno strazio...

E poi non sa che cos'è successo, sa solo che Laila la

scuote, la scuote, e lei balza in piedi e bofonchia: – Cos'è successo?

– Ti sei addormentata, Zoe. Sono dieci minuti che ti chiamo. Spicciati, o arriveremo in ritardo.

E cosí è una Zoe spettinata e sgualcita, con ancora addosso i vestiti del viaggio e una riga rossa stampata sulla guancia da una piega del cuscino, quella che fa il suo affannoso ingresso a casa di Madame Olenska, un quarto d'ora piú tardi. E che sgrana gli occhi, improvvisamente all'erta, e curiosa di vedere quanto le immagini che si era creata nella mente coincidono con la realtà.

– Ah, ecco, i blini, – dice, una volta sistemata a tavola. Un piccolo tavolo rotondo, apparecchiato con tovaglia bianca ricamata, cristalli e argenti, e candele accese. Non avrà esagerato un po', Madame? O è il suo modo formale e vecchio stile di far loro capire che è contenta di averle lí?

– Mai assaggiati prima? Katenka li fa benissimo, – dice Madame occhieggiando il piatto coperto di grandi crespelle brunite.

Laila ha già cominciato a mangiare. – Ma no, non cosí, – la blocca Madame. – Prima devi riempirli –. E indica le ciotole disposte tutto intorno ai candelabri: – Panna acida, caviale, salmone... – E mostra come si fa: versa un

cucchiaio di panna acida e uno piú piccolo di caviale al centro della crepe, che poi avvolge su se stessa e divora elegantemente reggendola tra due dita. – Cosí.

Laila la imita entusiasta, le brillano gli occhi per i sapori. Zoe, ancora un po' intontita, fa lo stesso, e sente sciogliersi in bocca l'impasto farcito. Non si era resa conto di avere tanta fame.

Per fortuna è Madame a sostenere la conversazione, immaginando, giustamente, che le due ospiti siano stordite dal viaggio. – Conosco Katenka da quando eravamo ragazze, siamo andate a scuola insieme. Quando sono tornata l'ho cercata e ho scoperto che era rimasta vedova, senza figli. Cosí l'ho invitata a vivere con me, l'appartamento è grande, ci stiamo comode tutte e due. Non è una domestica, badate. Ma cucina benissimo, ed è anche un po' timida, quindi forse la conoscerete la prossima volta.

Quindi non ci sono anziani gentiluomini o ex ufficiali dell'esercito nel presente di Madame. C'è solo una compagna di classe che sa fare ottimi blini. Zoe è un po' delusa, ma immagina, e ha ragione, che sul suo viso spiegazzato non trapeli nulla se non voracità e stanchezza. E infatti Madame le congeda in fretta: – Volevo solo salutarvi meglio, ma immagino che abbiate bisogno di un bel sonno. Ci rivedremo presto, quando sarete un po' piú sveglie.

Sul furgone che le riporta all'Accademia, Zoe, risvegliata dall'aria fresca (quasi fredda, che la costringe ad abbracciarsi per conservare un po' di tepore) si dice che non si è nemmeno guardata intorno. Bello spirito d'osservazione. In compenso fissa il buio stranamente chiaro, illuminato, come acceso dall'interno, che scorre fuori dal finestrino, cercando di decifrare questa città misteriosa che scorre ai suoi fianchi. Laila è ammutolita. Nella stanzetta bianca si spogliano in fretta e si abbandonano al sonno. La sveglia suonerà anche troppo presto, domani.

LA PRIMA LEZIONE

E infatti è già Domani, cioè Oggi, ovvero il primo giorno di lezione all'Accademia Vaganova. Kris, Kate e Maxine, le tre ragazze tedesche, le hanno chiamate, stamattina, bussando alla porta, per scendere insieme a colazione e farsi coraggio a vicenda nei primi passi in questo nuovo mondo. Tatjana, che ha mostrato loro il tavolo riservato agli ospiti, ha anche spiegato: – La maggior parte degli allievi sono interni, qui. Vengono da regioni anche molto lontane, e quindi devono essere interni. Per cominciare vi lasciamo sole. Poi vi invitiamo a mescolarvi agli altri, quando vi sarete ambientate. Penso che sarà divertente. E tutti gli allievi parlano un buon inglese, alcuni anche il francese –. Laila si è subito illuminata alla notizia.

L'inglese è anche la lingua che usano negli scambi con le biondine – eh sí, sembrano tre cloni tanto si assomigliano, soprattutto adesso che sono pettinate allo stesso modo, e lo chignon cancella le differenze nel movimento dei capelli, in qualche modo neutralizza le espressioni... Vengono da Heidelberg e, come loro, sono state selezionate per uno stage. È la prima volta che viaggiano da sole e sono eccitate ma anche un po' spaventate. Laila le guarda compunta, con fare da grande esploratrice, e le incoraggia: – Viaggiare è crescere. Garantito.

La colazione è ricca ed energetica: c'è tanta frutta, e uno yogurt buonissimo, denso e un po' acido; parecchio pesce, davanti al quale Zoe arriccia il naso ma i russi no. Già, i russi. Nella loro sala colazione ce ne sono una ventina, maschi e femmine, di età apparente dai quattordici anni ai diciassette, diciotto. Ma Tatjana ha spiegato che esistono altre tre sale, che si fa colazione suddivisi perché si preferisce evitare l'effetto collegio...

Come se poi fosse qualcosa di diverso, si dice Zoe osservando i compagni impeccabili nelle loro divise. Per ora si vede solo una sobria tuta blu scuro, senza marchi o sigle; ai piedi calzano tutti scarpette morbide, bianche per le femmine e nere per i maschi, che chiaramente sono fatte solo per transitare. – Ora i ragazzi hanno lezione di storia della danza. Sapete, non si può certo cominciare a

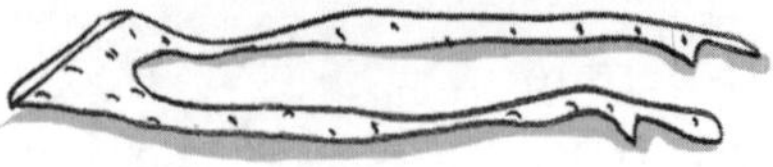

ballare con la pancia piena.

Voi potete visitare la scuola con me. Piú tardi raggiungerete in sala da ballo il gruppo al quale siete state assegnate, – annuncia Tatjana, guidando le cinque nuove arrivate in un labirinto di corridoi non dissimile da quello della *loro* Accademia. E su dalle scale, e giú dalle scale, mentre la segretaria dall'età indefinibile elenca loro i nomi dei grandi ballerini che si sono diplomati lí e le loro sfavillanti carriere, racconta la storia dei coreografi che hanno creato per le stelle dell'Accademia, la *sua* Accademia, e spiega il rigoroso sistema di selezione, ma anche la ricchezza di borse di studio e sussidi che permettono a tutti l'accesso alla scuola.

– Sapete, – dice, – un tempo frequentare una buona scuola di ballo era un modo per avere un lavoro sicuro e vedere il mondo, viaggiare. Quando questo mondo, il nostro, era chiuso in se stesso. E questo sistema di aiuto ai ragazzi ha sempre consentito anche a chi veniva da famiglie modeste, anche agli abitanti delle province piú lontane, se avevano un po' di talento, di tentare l'ammissione. Questo perché la danza è sempre stata cosí importante. Per gli zar, e anche dopo.

– Noi avevamo una compagna che veniva dalla Sicilia ma poi non voleva piú stare all'Accademia, aveva nostalgia di casa e alla fine è tornata dalla sua famiglia, – dice Laila, e Zoe pensa con una fitta a Diletta, che non sente da un bel pezzo.

Tatjana ride. – Figuriamoci, la Sicilia: è dietro l'angolo, per voi. I ragazzi facevano migliaia di chilometri per fare l'esame di ammissione qui all'Accademia, e lo fanno ancora.

– Non credo che sia una questione di distanze, – dice Zoe, e quasi si stupisce sentendo il suono della sua voce: è la prima volta che parla, stamattina, disorientata com'è ancora. Continua: – Insomma, dipende da come uno si sente. Se è a posto con se stesso. Se è veramente quello che vuole fare.

Tatjana la fissa dall'alto in basso (è altissima, avrà dieci centimetri di tacchi) e tace, prima di annuire. – Probabilmente hai ragione, – dice infine. – Resta il fatto che le occasioni vanno colte al volo. Non si può sempre aspettare di essere preparati, no? – E fa un piccolo sorriso saputo, come se capisse che Zoe non era affatto pronta a venire, come se lo si capisse dalla sua espressione smarrita, dal suo modo di fare.

In realtà Zoe sta cominciando a sentirsi meglio. La colazione è stata ottima, il sonno lungo e pesto, e a tredici anni si fa in fretta a recuperare. Le tre biondine sembrano simpatiche, una le ha anche strizzato l'occhio facendo il verso a Tatjana che caracolla sui suoi trampoli, per farle capire che sono tutte unite, lí. Ma Zoe non crede che Tatjana sia un potenziale nemico. È solo diversa, ecco. E sta enumerando i pregi della sua scuola come fa chiunque sia orgoglioso del luogo in cui lavora.

Il giro è lungo ma finisce, e proprio quando Zoe stava cominciando ad annoiarsi. Tatjana deposita le cinque ragazze davanti alla porta dello spogliatoio femminile. – Prego, – dice. – Le vostre compagne e l'assistente Zirkov vi diranno tutto quello che dovete sapere, e fare. La lezione comincia tra venti minuti.

Lo spogliatoio ha il soffitto molto alto e grandi finestre che si chiudono ad arco in alto e lasciano entrare il sole. Ma non è il caso di andare a contemplare il paesaggio: al loro ingresso sono molte le teste che si voltano, e molti gli occhi che le perforano, curiosi, all'erta. Una ragazza piccola coi capelli neri si alza, tende loro la mano, la stringe con compunzione e dice: – Olga Plisetskaja. Le vostre divise sono laggiú. Potete tenere le scarpe che avete portato, per oggi. Poi cambierete anche quelle. Prego.

E le conduce a una panca dove sono ammucchiate cinque pile di indumenti ben piegati. Incredibilmente, sono della misura giusta, scoprono le ragazze indossandoli.

C'è la severa tuta blu che hanno già visto, e sotto una deliziosa tutina bianco latte con una piccola gonna a portafoglio di tessuto trasparente.

– Che carina! – dice Laila, che è la prima a vestirsi, come sempre. Volteggia su se stessa e si guarda allo specchio. L'assistente Zirkov, una donna anziana e robusta tutta vestita di grigio che chiaramente non parla nessuna lingua straniera, la guarda compiaciuta e annuisce.

E poi è ora di andare a lezione. La classe è composta di una ventina tra ragazzi e ragazze, sono un po' di piú che all'Accademia, ma è ovvio, sono loro cinque a renderla affollata. Il livello d'età è quello giusto, come quello di studi, constata Zoe facendo la sbarra: non c'è niente che gli allievi russi sappiano fare meglio di loro. È la sicurezza della sbarra, certo, il codice-base internazionale del balletto: se l'hai appreso, riesci a farti capire dappertutto. L'insegnante, il signor Malev, è un uomo sulla quarantina, decisamente bello e atletico, i capelli biondi in un vanitoso taglio alla paggio che fa molto principe Albrecht. In apparenza è gentile, nel senso che dopo un quarto d'ora non ha ancora alzato la voce. Ma c'è molta tensione nell'aria, lo si avverte dalle posture impeccabili dei compagni, che sembrano animati da un senso ferreo della disciplina. Anche quando Malev viene chiamato fuori da Tatjana e restano soli, non vola una mosca, nessuno abbandona la posizione in cui si trova. Il pianista continua a suonare e loro a scendere e salire in una sequenza interminabile di *plié.* Zoe, che a tanto rigore non è abituata, o meglio, che sa come dissimulare la curiosità e celare le piccole distrazioni che si concede, coglie l'occasione per guardarsi intorno: le tre biondine sembrano a loro agio ma nota subito una certa rigidità nei loro movimenti, soprattutto nel *port de bras*. È come se non avessero lavorato abbastanza su braccia e gambe. Chissà cosa diranno loro di me, pensa, ma poi scaccia l'idea come se fosse un moschino insignificante: io vengo dall'Accademia. Loro no. Ed è con un nuovo, intenso senso di dignità che continua gli esercizi, molto compresa nel suo ruolo di allieva in trasferta, quasi pomposa. E finalmente quello che si è sentita ripetere tante volte prima di partire, e che forse proprio per questo la irritava, le sorge nel petto istintivo, naturale come dev'essere: un enorme senso di orgoglio per essere lí a imparare, sí, a sperimentare, sí, ma anche a rappresentare una grande scuola, una delle piú grandi del mondo. Forse è una sua impressione, ma i compagni sembrano avvertirlo: una ragazza bruna dall'altra parte della sala infrange la compostezza per scoccarle uno sguardo breve e intenso, di riconoscimento. Sí, sei brava, dice quello sguardo. Sí, sono brava. E ve lo dimostrerò giorno dopo giorno. Potete scommetterci.

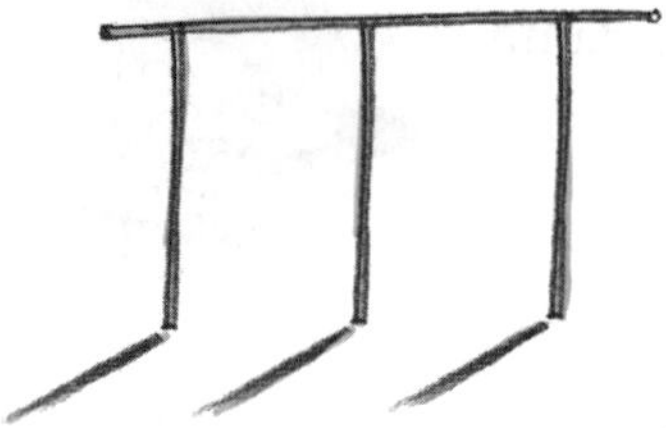

sorriso. – So cosa dovete fare, – ha detto. – Sarà divertente –. E non c'era traccia di ironia nella sua voce.

– Chissà se dopo loro devono fare lo stesso per noi, – si è chiesta Laila.

– Ma no, non credo. Loro hanno Malev che lo fa tutti i giorni. Mi sembra che come ambasciatore dell'autentico spirito russo accademico sia estremamente eloquente, – ha detto Zoe, senza sarcasmo, però Laila è scoppiata in una risatina vagamente isterica.

E cosí hanno cominciato a usare le ore di lezione a loro precluse (nessuno le costringe a seguire spiegazioni in russo, solo una volta, visto che venivano proiettati spezzoni di balletti, si sono unite agli altri) per montare qualcosa che dia l'idea di che cos'è la *loro* Accademia.

Zoe si è resa conto subito (ma le era già abbastanza chiaro, è stata solo una conferma) che toccava a lei guidare. Nel senso che Laila è una perfezionista, e ogni tanto ha piccole idee garbate, ma è come se non riuscisse a vedere al di là del singolo passo, del singolo movimento. Tranquilla, senza farsi prendere dall'affanno, Zoe ha scelto la musica (in una selezione pressoché illimitata di CD messi a disposizione da Malev) e poi ha isolato il brano (un quarto d'ora in tutto, non di piú) e impostato la struttura del piccolo pezzo che andranno a danzare. La musica è di Geminiani: – Un musicista toscano del Settecento che ebbe grande fortuna in Inghilterra, – ha spiegato Zoe in risposta allo sguardo interrogativo di Laila. – Sai, non esistono solo i Vivaldi, gli Haendel, i Bach.

– Sí, ma forse una musica piú famosa avrebbe fatto piú effetto...

– Non credo che siano molto interessati alla musica, Laila. Ma a quello che ne facciamo noi. E comunque è stato un grande, a modo suo. Un grande violinista.

Il brano è un morbido, armonioso impasto di archi, lento e sereno. Non costringe a galoppate frenetiche, in questo Zoe si è dimostrata astuta. Si può imperniare tutto sulla sbarra, e anche questa è una scelta furba, oltre che passionale – la sbarra è sempre stata la sua parte preferita della lezione, fin da piccola. Ma se hai un sostegno, puoi essere piú precisa nel gesto. E nello stesso tempo dai proprio l'impressione di replicare una sequenza che fa parte della tua vita quotidiana. Anche se nel caso specifico la sbarra è il punto d'appoggio per autentici virtuosismi. Zoe sa che entro trenta secondi dall'inizio del brano gli occhi di tutti saranno incollati su Laila, che è cosí magnetica, cosí vicina alla perfezione. E quindi può permettersi di inserire *arabesques* ardite e salti che richiedono precisione ed elasticità, anche se non sono le cose in cui lei riesce meglio, perché questo è il modo giusto per dare spazio alla compagna cosí brava. È un gioco di squadra, si ripete mentre provano e si sforza comunque di essere all'altezza. Ognuna fa la sua parte meglio che può. Io invento, e lei danza.

E poi, una sorpresa. Perché due giorni prima della loro lezione, mentre si attardano nello spogliatoio, l'assistente Zirkov si avvicina a loro reggendo tra le braccia quella che sembra una piccola pila di biancheria piegata. La depone accanto a Zoe e le indica, loro due, e poi la pila, piú e piú volte, e intanto annuisce e sorride incoraggiante. Ha occhi bellissimi, questa vecchia signora, di un azzurro chiaro di ghiaccio, che sfavillano nelle pieghe della pelle sciupata.

– Sono per noi? – dice Zoe alla fine. E la donna, che non ha capito ma ha capito, annuisce ancora.

– Ma è bellissima... – mormora Laila, che si è avvicinata al mucchietto di tessuti e ne ha dispiegato uno. È una tutina con la gonna a portafoglio, molto simile a quella che portano tutti i giorni. La differenza è che ha le maniche a trequarti, lo scollo ovale, profondo, e che è di un incantevole color interno di conchiglia: rosa pallido madreperlato. Sotto ci sono calze rosa e un paio di scarpette nuove,

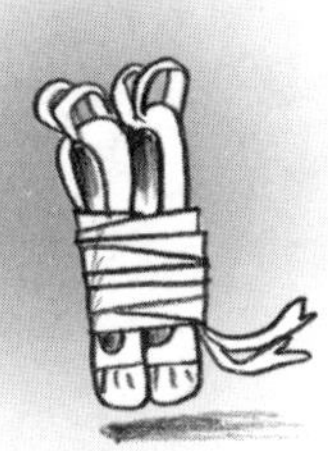

rosa anche quelle, di un modello leggermente diverso da quello a cui sono abituate. – Mi hanno sempre incuriosito, queste, – dice Laila, infilandosene subito una. – Almeno è l'occasione per provarle.

– Bisognerà disfarle un po', prima, – dice Zoe. Non si può certo rischiare di fare degli esercizi con un paio di scarpe mai provate. Potrebbero riservare brutte sorprese.

L'assistente Zirkov, che ha seguito tutta la scena, mima una persona che cuce, e il messaggio è chiaro: si offre di sistemare lei i nastri al posto giusto. Zoe le sorride: quella donna è davvero gentile. Cosí lei e Laila prendono subito le misure, fissano i nastri con gli spilli all'interno delle scarpette e le affidano alla donna, che subito va al suo piccolo tavolo davanti alla finestra, prende l'occorrente per cucire custodito in una bella scatola di latta nera dipinta a fiori e si mette al lavoro.

Un quarto d'ora dopo, mentre Zoe e Laila hanno avuto tutto il tempo di provare la tutina nuova e di constatare che è perfetta, l'assistente Zirkov consegna loro le scarpette coi lacci cuciti. Le provano. – Sono molto comode, – dice Laila. – La suola sembra cosí sottile...

– Hai paura che non sostengano abbastanza? – le chiede Zoe.

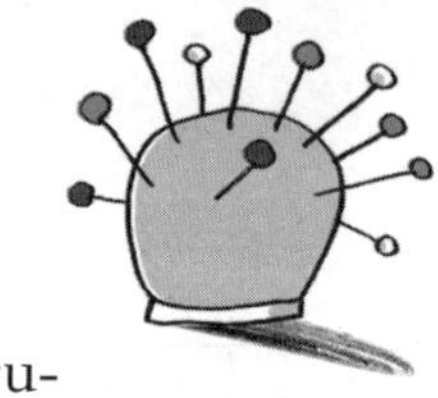

– No... è come se fosse piú... piú naturale, ecco. Come se la punta facesse parte del piede.

Zoe ride. – Pensa che orrore, – dice, figurandosi una Laila con i piedi che schioccano a ogni passo. E poi: – Ma ce l'avrà un nome, la signora Zirkov. Ci provo. Nome? Name? – e la indica. La donna capisce. – Anuska, – dice, sorridendo.

– Che dolce, – commenta Laila.

– Chissà da quanto tempo fa questo lavoro. E quante cose ha da raccontare, – dice Zoe. Anuska le ricorda un po' Demetra, non fosse che per l'età e per il senso di padronanza del suo lavoro che ha. Anche se il suo ruolo è piú umile e meno creativo, si capisce che sta bene dove sta, che è contenta.

– Certo che questo clima fa malissimo alla carnagione... – dice Laila, frivola.

– Magari prima lei faceva la contadina e stava all'aria aperta tutto il giorno, anche col gelo... ma stiamo fantasticando. Questo è un paese di cui non sappiamo niente, – dice Zoe. – Ed è meglio che adesso andiamo a riposarci, perché domani dobbiamo disfare le scarpe e dare qualche ultimo ritocco al nostro brano. Laila, io non te lo dico piú. Cerca di essere piú compatta, meno svolazzante. Noi non siamo drammatiche danzatrici russe. Facciamo una danza piú... piú...

– Piú da Accademia, – conclude Laila. – Giusto?

Quando parte la musica, Zoe sospira a fondo e fa il *port de bras* piú impeccabile della sua carriera. Davanti a lei, davanti a loro, gli allievi sono rimasti in tuta e si sono seduti per terra, in due file. Anche Malev si è seduto, a gambe un po' larghe, come un cacciatore fuori da una locanda. È cosí facile immaginarlo con le braghe gonfie e il giustacuore e il cappello con la piuma... ma non divaghiamo, si dice Zoe. Adesso bisogna danzare sul serio.

Zoe ha appena il tempo di chiedersi, velocissima, come mai non ci sia Madame, come mai si sia persa l'occasione, che la porta si socchiude e la vecchia direttrice entra silenziosa e si sistema accanto a Malev. Ah, ecco. Appunto. Adesso ci siamo proprio tutti.

È un quarto d'ora, ma sembra un secolo, e anche cinque secondi. Il senso del tempo è cosí mutevole, quando stai facendo una cosa che ti piace, a cui tieni, ma di cui hai anche un po' paura perché non si sa mai... una cosa da cui dipendono altre cose: la stima, l'ammirazione, giudizi e valutazioni. Il giudizio di sé per sé, prima di tutto, perché a quello non si sfugge facilmente: gli altri possono pensare quello che vogliono, ma una ballerina sa benissimo quando ha fatto bene le cose che doveva fare, e quando invece è stata cosí cosí.

Alla fine, comunque, Zoe si dà un otto. E nove per Laila, che è stata straordinaria nella sua precisione affettuosa. Zoe si complimenta con se stessa anche per la scelta della musica: non banale, insolita. L'hanno ascoltata tutti con trasporto, e con pari trasporto le guardavano. Mentre le note sfumano, e Zoe e Laila s'immobilizzano nella figura finale, tutti tacciono. È Malev che parte con l'applauso. E allora si scatenano anche i ragazzi, e sorridono, e annuiscono. Madame è impenetrabile. Lei non batte le mani, mai. Si può solo vagamente intuire che cosa prova dal bagliore dello sguardo. Ma Zoe è troppo lontana, e anche troppo concentrata, per osservarla con attenzione.

Dopo, mentre loro tornano per prime nello spogliatoio, Malev resta in sala con i ragazzi: Zoe suppone che stia spiegando loro i punti salienti della minirappresentazione, che stia sottolineando pregi, difetti e caratteristiche della loro interpretazione. Sono a metà del corridoio, e si sono appena scambiate un abbraccio che dice piú delle parole, quando una voce alle loro spalle le immobilizza: – Ragazze.

Ecco, è lei. Zoe e Laila si voltano lentamente. Si fermano. Aspettano che Madame si avvicini, aspettano il verdetto.

– Brave, – dice lei, senza sorridere, senza esprimere altro che distacco solenne. – Era proprio quello che mi aspettavo da voi.

Poi si volta e torna nella sala. Probabilmente dovrà dire la sua, commentare, approfondire.

– Ce l'abbiamo fatta, – mormora Laila mentre entrano nello spogliatoio. Anuska viene loro incontro con aria interrogativa. Zoe alza il pollice. – Tutto bene, grazie, – dice. Anuska sorride e le stringe rapidamente a sé. Una sorpresa, questo gesto, questo abbraccio che sa di fiori secchi. Ma sí, adesso va tutto bene. Adesso che l'Accademia, l'altra Accademia, le ha accettate.

E i giorni che seguono sono scorrevoli, ordinati, scanditi dalle lezioni che però ormai non fanno piú paura, punteggiati da battute e scherzi che volano sempre piú disinvolti tra le cinque ragazze venute da lontano e gli allievi della scuola russa. Le tre biondine sono proprio gentili, affabili, e Irina, nonostante il suo aspetto cosí serio, ha

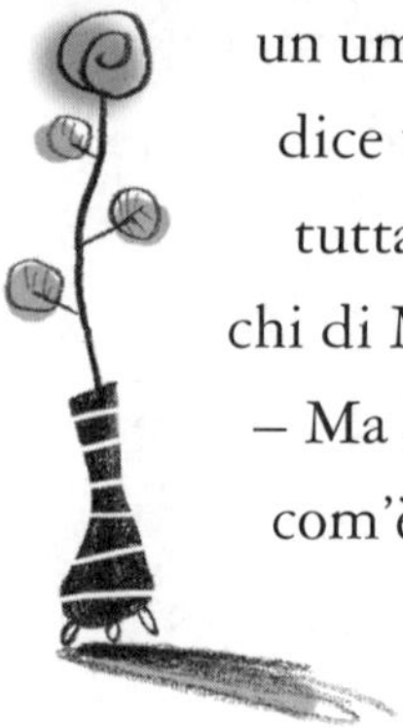

un umorismo pungente. – Certo che siete strane, – dice un giorno a Zoe mentre si cambiano. – Fare tutta questa strada per finire di nuovo sotto gli occhi di Madame... che idea.

– Ma lei non insegna qui. Come fate voi a sapere com'è?

– Oh, la sua fama aleggia attorno a lei come un cupo mantello, – scherza Olga nel suo inglese impeccabile. – E poi ogni tanto, diciamo due, tre volte l'anno, tiene un corso speciale di alcuni giorni. È un corso specialistico, per i piú grandi. Devi vedere come sono pallidi quando escono. Certe ragazze hanno le lacrime agli occhi, tanto le strapazza. Ma era cosí, da voi?

Zoe riflette prima di rispondere, perché non vuole che quello che dice suoni come un pettegolezzo dozzinale. – Qualche volta sí, – dice alla fine. – Ma solo se ci si comportava in modo veramente disastroso. Altrimenti, be'... forse ci eravamo abituati.

– Abituarsi a lei?

– Ma dai. Ne parli come se fosse il lupo cattivo.

– È stata una delle piú grandi ballerine del suo tempo, e anche una delle piú grandi insegnanti, – dice Olga, facendosi seria. – Credo che non sia facile, come si dice... restare all'altezza della propria fama. E se una grande ballerina è spietata con le rivali, una grande insegnante è spietata con gli allievi, giusto?

– Spietata con le rivali? Cosa intendi dire?

– Mah, – e qui Olga abbassa la voce e si guarda intorno, come chi sta per rivelare segreti. – Si dice che abbia denunciato una sua collega perché faceva uso di droghe... non droghe vere come quelle che prendono i ragazzi, erano medicine che però la aiutavano a essere piú forte. Un po' come certi atleti.

– Be', ma non puoi sapere perché l'ha fatto. Magari le ha salvato la vita. Quel genere di droghe sono come veleni.

– Non so, era tanto tempo fa. E poi si racconta anche che abbia fatto di tutto perché Esmée Aleksandrovna, che era una grande danzatrice sua compagna, non ottenesse la parte di Cenerentola nello spettacolo alla fine del corso.

– E come ha fatto?

– Si dice che studiasse anche di notte. La parte praticamente era di Esmée, perché era lei la numero uno. Però Madame, insomma, allora non si chiamava cosí, ha studiato anche di notte e ha preteso che ci fosse un vero e proprio provino. Ed è stata piú brava di Esmée.

– Ma non è stata scorretta. Voglio dire, non l'ha spinta giú dalle scale perché si slogasse una caviglia...

– No. Però è stata, diciamo, molto dura. È sempre stata una dura, quella donna.

– E questa Esmée, che fine ha fatto?

– Si è accontentata della parte della Fata Madrina e tre mesi dopo è scappata in America con il fidanzato di Madame.

Zoe tace. Allora c'è davvero un fosco mistero nel passato della direttrice... E se fossero tutte chiacchiere, dicerie che si gonfiano tra le quinte dei teatri, si nutrono di polvere, diventano gigantesche anche se sono partite da una battuta? Le piacerebbe non crederci, ma il ritratto di Madame che ne viene fuori non è tanto diverso dalla Madame che conosce lei. Inflessibile, spietata. E correttissima. Capace di sacrificare qualunque cosa ai suoi scopi. Anche l'amore, e forse, se la storia è vera, senza nemmeno rendersene conto...

– Anche Madame è andata in America, – dice dopo un po'.

– Sí, ma non certo per riprendersi il fidanzato... non si sono piú rivisti, quei tre. Esmée e Pavel Ilic hanno fondato una loro scuola a Chicago e non sono piú tornati quassú.

– E sono vissuti felici e contenti?

– Questo la storia non lo dice... Hai imparato un sacco di cose, oggi, eh, Zoe? – dice Olga, e le sorride maliziosa.

– Forse era meglio non saperle, – borbotta Zoe slacciandosi una scarpetta.

E dopo, sotto la doccia, pensa a come dev'essere stato difficile, lavorare anche di notte, con la fatica che doveva già fare di giorno quella giovanissima ostinata ballerina... e probabilmente è per questo che ha trascurato l'amore, e il suo fidanzato si è stancato di lei ed è fuggito con l'altra... che cosí si è vendicata...

No, decisamente non funziona. Assomiglia troppo a un romanzo per essere vero. Ma non può certo chiedere a Madame. E quindi si terrà il dubbio. Quello che è certo è che non racconterà niente di tutto questo a nessuno. Che sia vero o falso, è passato. Meglio lasciarlo riposare.

UNA LUNGA NOTTE BIANCA

– Novità da casa? – chiede Zoe a Laila.

– Sí. Cioè, no. Maman è a Parigi, papà in città che lavora, Mamie si lamenta perché quest'anno per via dello stage passerò solo dieci giorni con lei invece del solito mese...

– Però adesso andate piú d'accordo, no?

– Sí, sicuro. Solo perché mi rifiuto di seguirla in quei negozi per bambine dove mi portava sempre. Tornavo con una valigia piena di vestiti impossibili...

– Me li ricordo bene, – sorride Zoe. – Sembravi una pupa di cent'anni fa.

– Brava, prendimi anche in giro, – dice Laila, imbronciata. – È stata la mia battaglia, liberarmi da quello.

– Be', per cambiare potrebbe portarti in un altro genere di negozi. Credo che lassú ci sia solo l'imbarazzo della scelta.

– Non per lei. Se fosse per lei, dovrei portare ancora le gonne a pieghe e i corpini arricciati...

– Dimmi invece che cosa ti metti stasera. Io non so. Alla fine penso che saranno jeans e ballerine e la felpa rosa col cappuccio per quando viene fresco. Basterà?

È la prima volta che escono la sera, da quando sono arrivate. Gli orari rigidi dell'Accademia non lo consentono. Ma è sabato, e qualcuno ai piani alti deve aver deciso che meritavano un po' di svago. Irina, Svetlana, Karol e Istvan sono le loro scorte: hanno sedici, diciassette anni, e Madame, o Malev, o tutti e due insieme devono aver pensato che sono abbastanza grandi e responsabili da occuparsi di loro due.

– Io mi metto il vestitino nero con le spalline, – dice Laila.

– Ma sei matta? Congelerai, – commenta Zoe. – Certo, capisco che per far colpo su Istvan bisogna giocare il tutto per tutto...

– Molto spiritosa. Guarda che è interessato alla mia tecnica, – ribatte Laila, irritata. – E comunque metto anche un golfino.

– Be', dovresti offenderti, se ti stesse intorno solo per la tua tecnica, Laila, – dice Zoe, con un tono da donna di mondo che non le appartiene ma la diverte. – E poi è un maschio, non è che debba porsi il problema di come andare in punta, no? Possibile che tu sia veramente cosí cieca?

– No, – dice piano Laila. – Non sono cieca. È che ho paura. Io non... insomma, non sono mai uscita con uno che mi piace.

– Be', ma non sei da sola, – le dice Zoe, intenerita. – Ci sono io.

– Meno male. Cosí se non mi va di parlare posso anche star zitta, e alla conversazione pensi tu.

– Eh, no. Il tuo inglese è molto meglio del mio. E non ho intenzione di chiacchierare tutta la sera, voglio anche guardarmi intorno...

No, Zoe non è costretta a chiacchierare tutta la sera. La prima visione di San Pietroburgo col buio la ammutolisce. Sapeva che cosa sono le Notti Bianche, ne aveva letto. Ma un conto è vederle dalla finestra, come è successo finora, un conto è esserci dentro, immersi in questo buio luminescente, strano, mai visto prima, mai sperimentato.

– È incantevole, – commenta dopo un po', mentre il furgone con l'autista li porta verso una piccola trattoria dove dalla scuola hanno prenotato un tavolo per loro. – Non so cos'altro dire.

– Posso capirti. Non ci si abitua mai, – dice Karol. – Anche se si è nati qui, come me.

– Invece tu vieni da lontano, vero Istvan? – s'inserisce Laila. Per fortuna il furgone è nella penombra, ma Zoe intuisce che dev'essere arrossita, e molto, per riuscire a pronunciare una frase cosí lunga, e proprio rivolta a lui.

– Sí, io vengo da un paesino del Nord. Non ti dico nemmeno come si chiama, non c'è sulle cartine, solo sulle mappe locali, – ride. Ha i capelli color della paglia, e apparentemente della stessa consistenza, che gli fanno una specie di casco attorno alla testa, e occhi vivaci tra il verde e l'azzurro. È molto gentile; come tutti, del resto.

– Io invece prima vivevo a Mosca, – dice Svetlana, che è alta e statuaria, e coi sottili capelli chiari lasciati sciolti sembra un'altra rispetto alla marmorea bellezza che ostenta in classe. – I miei genitori si sono trasferiti. Subito mi è dispiaciuto. Ma qui è piú tranquillo, e tutto sommato anche piú bello. Meno sciupato dal cemento. E poi c'è il mare. E la vostra città com'è? Dicono che è super per la moda...

– Oh, sí, – risponde Laila, incoraggiata. – Ma è anche caotica, e grigia...

– Ah, be', certo. Perché tu sei un po' di Parigi, vero? – le chiede Irina. – Ti muovi tra le capitali, insomma. Una vera cosmopolita, – e lo dice allargando le vocali in quel modo un po' buffo.

Per togliere Laila dall'imbarazzo, o forse per mettercela di piú, interviene Zoe: – Sí, ed è anche una danzatrice straordinaria. Ma questo l'avete visto da voi.

– Sí, certo, è evidente, – dice Istvan. – Ma io sono stato colpito dalla vostra intesa. Vi completate a vicenda. Si capisce che vi conoscete da tanto.

– Oh, da un secolo, – ride Laila, tranquillizzata dal cambio di argomento: ora non è piú sola sotto i riflettori. Tanto le piace in scena, tanto lo detesta nella vita. – Ci conosciamo da quando io ero una bambinetta viziata, presuntuosa e insopportabile, senza un'amica. Poi le cose sono cambiate, per fortuna, – dice, scoccando a Zoe uno sguardo grato.

Intanto il furgone si è fermato. L'autista, compito e serio come sempre, apre loro lo sportellone e li lascia uscire. Scambia qualche frase secca coi ragazzi (si capisce che prendono accordi per il ritorno) e se ne va.

– Dove siamo? – chiede Zoe, guardandosi attorno.

– Al mare, – dice Istvan. – Non senti l'odore?

E tutti cominciano a inspirare comicamente, e poi scoppiano a ridere insieme.

La serata comincia adesso, con queste risate: e continua attorno alla tavola della taverna, senza tovaglie, i piatti posati direttamente sul legno sciupato dei tavoli, e le pietanze portate una dopo l'altra, senza che nessuno le abbia ordinate, in grandi vassoi traboccanti. Carne tagliata in grossi pezzi, aroma di vino e di spezie, cavolo, panna acida, una pigna di blini. Si beve acqua, anche se il cameriere propone vodka. Tutti la rifiutano ridendo, tranne Laila che dice: – Io vorrei assaggiarla.

E cosí arriva un bicchierino tutto per lei, che lo tracanna in un colpo, come deve aver visto fare in qualche film, e poi dice: – Non sa di niente, – e subito dopo si stringe le mani al collo: – Ah, come brucia!

Altre risate. – Sta' tranquilla, non ti ubriachi per una vodka, – la rassicura Istvan. – Semmai ti farà dormire meglio –. Però è chiaro che dopo un po' l'alcol fa effetto su di lei, che comincia a stiracchiarsi insonnolita e abbandona la testa sulla spalla di Istvan. Lui le sorride e la mette piú comoda, e la cena continua cosí, con lei che sonnecchia e gli altri che ridono e chiacchierano. Zoe non è piú preoccupata dal fatto di dover sostenere la conversazione, anche se Laila è fuori gioco e quindi di fatto è cosí: ma è tutto facile, il cibo è buono, e si parla di progetti, di ricordi, della fatica quotidiana con una semplicità e una libertà che non si sarebbe immaginata. Zoe scopre che Svetlana sogna di andare negli Stati Uniti, «anche se so che sono infatuata per via del cinema» ammette; che Irina invece è decisa ad affrontare una carriera tutta russa, «perché da noi ci sono grandi possibilità, e comunque viaggerò, se ce la faccio»; mentre Karol, il piú taciturno, vorrebbe aprire una scuola tutta sua, un giorno, o insegnare in un'istituzione grande e seria, e Istvan pensa alla coreografia. – Come il mio amico Jonathan, – dice Zoe e racconta. E poi comincia a parlare di Lucas, e di Leda, e all'improvviso sono tutti lí con lei, gli amici di sempre, i compagni di cammino, attorno al tavolo, le loro facce spuntano nella penombra, la loro risata si unisce a quella dei compagni appena conosciuti. – Uscite spesso? – chiede Istvan, e Zoe dice che sí, certo, quando possono, e lui la guarda con rammarico e dice che per loro è una rarità, sono molto severi all'Accademia, e anche le loro famiglie lo sono, e insomma, sono molto contenti e grati per la serata, perché per accompagnare Zoe e Laila è stata fatta un'eccezione.

Il tempo scivola via, e quando escono c'è ancora quella striscia di luce che attraversa l'orizzonte, come dipinta da un enorme pennello. L'autista è già fuori ad aspettarli, Istvan tiene Laila sottobraccio, e in un attimo sono all'Accademia, prima fermata; scendono in quattro, poi l'autista prosegue per riaccompagnare a casa Svetlana e Karol.

Di sopra, nella piccola stanza bianca, Laila si abbandona sul letto e sospira. – Ubriaca? – le chiede Zoe, sorridendo.

– Ma va', – dice Laila. – Cosa vuoi che sia, un bicchierino a stomaco pieno...

– E allora? Hai fatto la svanita per tutta la sera...

– Ho fatto apposta, – confessa Laila. – Apposta, per stare vicina vicina a Istvan... il suo collo ha un buon profumo di steppa, sai?

– E tu come fai a sapere che profumo ha la steppa, scusa? – ride Zoe, sottovoce, per non svegliare le vicine di stanza. – Ci sei stata spesso, vero, a galoppare a pelo, o magari a correre sulla slitta in una gelida notte d'inverno? Inseguita dai lupi? O da un manipolo di cosacchi ubriachi?

– Mmm... in sogno, sí. Con Istvan, – mormora Laila, spogliandosi e gettando gli abiti alla rinfusa sul pavimento, come non è assolutamente sua abitudine.

– Col tuo cosacco preferito, – scherza Zoe, e piano piano si toglie i vestiti anche lei. Prima di infilarsi sotto le lenzuola tira la tenda: lontano, all'orizzonte, la Notte Bianca continua ad ardere della sua luce fredda. È bello, è speciale. È magico.

UN ALTRO CONGEDO

– L'abbiamo vista poco, – si lamenta Zoe, mentre preparano le valigie.

Già: uno stage è uno stage, ha la caratteristica di farsi molto attendere e sospirare, cominciare in un nervosismo venato dal panico, decollare e poi esaurirsi in una manciata di giorni che volano via.

– Non potevi pretendere che ci facesse da babysitter. E poi questa è la sua scuola sí, ma lei non insegna piú da un secolo, – precisa Laila, ripiegando una leggera sciarpa a disegni di rose che le ha regalato Istvan.

– Ho capito, mi rendo conto. Però magari poteva venire a lezione, o invitarci per il tè...

– Ma l'ha fatto, – obietta Laila.

– Sí. Solo due volte.

– Ma se ci hanno preparato tanti dolci da sfamare un esercito, e sono state gentilissime, lei e quella sua strana

non-domestica invisibile... A me sarebbe piaciuto conoscerla, veramente.

– Ha detto che è schiva.

– Schiva? Un orso, direi. Non ne abbiamo visto nemmeno la punta del naso... Uffa. Starei qui un altro mese.

– Sí, per andare in crociera sul Baltico con il tuo principe azzurro. Ti capisco, è un'ottima ragione per restare... invece la dieta è un'ottima ragione per andarsene: tutta quella zuppa di cavoli, e quegli spezzatini da scaricatori di porto...

– È buon cibo robusto fatto per resistere al freddo, – dice Laila, quasi offesa. – Non fare la provinciale. Non ci si lamenta del cibo, quando si è in trasferta.

– Hai ragione. E poi alla fine dispiace anche a me di partire.

Quello che le è mancato davvero, si dice Zoe cercando senza successo di stipare tutto nella valigia, è un po' di tempo *da sola* con Madame. Invece c'era sempre Laila, se non qualche compagno dell'Accademia Vaganova aggregato, che di solito non spiccicava parola per tutto il tempo, agghiacciato all'idea di trovarsi faccia a faccia con la grande Madame Olenska: e quindi bisognava rompere il ghiaccio, far sentire gli altri a proprio agio, farli entrare lentamente nella conversazione. Insomma, tempo per veri discorsi non ce n'è stato. Cosí come non c'è stato modo di passare un'ora tranquilla nel suo salotto zeppo di ricordi, oggetti, foto, tutte cose da guardare con calma una alla volta, facendo domande, scoprendo cose mai sapute prima, magari anche qualche segreto... Tipo Katenka. E se fosse una specie di gemella nascosta? Magari nessuna delle due sapeva dell'esistenza dell'altra, e poi si sono riunite quasi per caso al ritorno di Madame dall'estero... Oppure lei era la sorella meno dotata, e mentre Madame girava il mondo è finita a fare l'operaia in una fabbrica dove ha perso la salute, e adesso Madame sta facendo ammenda, cerca di mettersi in pari, di farsi perdonare... O ancora, magari era sua sorella di latte, la figlia della balia che l'ha nutrita quando era piccola, perché naturalmente la madre di Madame non si sciupava i seni allattando bambini, e quindi è rimasto fra loro questo legame di quando erano neonate, e al suo ritorno Madame l'ha fatta cercare e l'ha voluta con sé... Zoe è sicura che la vita di Madame celi un sacco di misteri, di colpi di scena, di avventure saporite. Ma sa anche che non oserà mai farle domande dirette, e quindi non le resta che lavorare d'immaginazione. Una cosa che non le ha mai fatto difetto.

Bussano alla porta. – Vai tu, Laila, – dice Zoe, riscuotendosi dalle sue fantasticherie.

– È Anuska. Ha delle cose per noi. Oh...

A gesti, e col sorriso, Anuska si fa capire benissimo, ormai: ha portato le tutine rosa che hanno indossato per la lezione ai compagni, e lascia intendere che le possono portare con sé, che sono un regalo.

– Grazie! – Zoe d'istinto la abbraccia. Non ha niente da darle, niente, a parte i piccoli ricordi e i ninnoli che ha comprato da riportare a casa. E ha la sensazione che Anuska non se ne farebbe granché di una matrioska. Le manderà qualcosa da casa, qualcosa di speciale. Glielo dice, sperando che comprenda.

– Che gentili, eh? – dice Laila, infilando la sua tutina nella borsa rosa che è il suo bagaglio a mano. – Io la porto con me, metti che la valigia si perda...

– Hai ragione, – dice Zoe, e fa la stessa cosa. La tutina rosa finisce insieme alle famiglie di bambole di legno con gli occhi sbarrati, agli orecchini di ambra per la mamma e per Sara con il loro strano contenuto fossile di frammenti di foglie e forse animali, alla pupa (questa è di stoffa) con un vestito tradizionale tutto fiorito per Marta. A Leda ha comprato un magnete con la riproduzione di una Madonna di Leonardo che ha visto all'Ermitage;

al papà una piccola borsa da tabacco in cuoio, le piaceva l'idea, anche se lui non fuma, ma ci può mettere quello che vuole.

– Sai cosa ti dico? – sbotta dopo un po'. – Io vado da lei.

– Vai da Madame senza essere stata invitata?

– La strada la so. Da qui sono due passi, non c'è bisogno di quel noioso di Boris –. L'autista che le ha accompagnate ovunque è rimasto impettito e silenzioso dal primo all'ultimo giorno. Ma oggi Zoe può anche fare a meno di lui.

– Ma non puoi uscire da sola. È proibito...

– Se tu non lo dici a nessuno, nessuno lo scoprirà. Sto via mezz'ora al massimo. Devo dirle una cosa.

E senza piú indugiare, senza lasciare a Laila il tempo di opporsi o, peggio, di seguirla, Zoe infila le scale, e va. Sí, ufficialmente hanno già preso congedo: ma a lei basteranno cinque minuti faccia a faccia, nient'altro.

Al portone del palazzo, identifica la scritta in cirillico sul campanello (prima aveva sempre suonato Boris), preme il pulsante, aspetta. La porta si apre senza che nessuno chieda nulla. Zoe guarda in su, vede un movimento di tendine di pizzo: chissà come, le riesce facile immaginare che Madame passi molto tempo alla finestra. E che quindi l'abbia vista arrivare.

Sale le scale due gradini alla volta, presa dalla fretta, dall'eccitazione, anche da un po' di timore. Madame è imprevedibile, non è detto che questa improvvisata le faccia piacere.

La porta è socchiusa. Un altro segno che era attesa. La spinge, la chiude alle sue spalle, si avvia lungo il corridoio stretto, col parquet che cigola sotto i suoi piedi.

Madame sta prendendo il tè con qualcuno. Con Katenka. Che è vecchia, piú vecchia di lei, e quindi non può essere la gemella perduta, o la sorella di latte. Ma forse è solo che sembra vecchia, con le privazioni che ha patito... Comunque, è una signora anziana, vestita in modo sobrio, con un filo di perle al collo. Una specie di nonna che andrebbe bene a qualunque latitudine, in qualunque città. Tutto è apparecchiato come per l'ospite piú illustre, gli argenti risplendono, i dolcetti sono come gioielli sui piattini. Il samovar fischia piano, diffondendo un tepore piacevole, perché fuori si è levato il vento e fa fresco, troppo fresco per l'estate e per le braccia incautamente nude di Zoe.

– Vieni, – dice Madame. – Unisciti a noi. Avevo la sensazione che gli addii ufficiali non ti sarebbero bastati. A dir la verità ti ho aspettato anche ieri. Ma forse dovevi ancora deciderti, vero?

Come sempre, Zoe si stupisce – e non dovrebbe piú succederle, ormai – della capacità che ha Madame di indovinare i suoi moti, i suoi pensieri. Katenka la studia di sottecchi, seria. Zoe ha già capito che dovrà tenersi quella miriade di dubbi sulla sua vera identità, perché non è per parlare di questo che è venuta. In verità non deve parlare proprio di nulla. Quello che vuole è solo un po' di intimità. Un momento tutto suo, non condiviso, da tenere per sé.

Katenka si alza, dice una morbida frase in russo, saluta Zoe con un cenno e si avvia lungo il corridoio, per sparire dietro una porta sul fondo. Ha capito, e le lascia sole.

Madame le versa il tè. – Immagino che tu non abbia molto tempo. Immagino che tu sia fuggita. Giusto?

Zoe annuisce, stringendo le mani attorno alla tazza sottile.

– Bene, – dice Madame, si serve e sorseggia, guardando nel vuoto. Solo ogni tanto il suo sguardo si mette a fuoco sopra Zoe, e la sua bocca si piega in un piccolo sorriso senza parole.

Zoe si guarda in giro, indugia sul ritratto di una giovane donna molto bella dagli inconfondibili tratti imperiosi, sfiora con le dita una campanella d'argento posata sul tavolino lí accanto. Osserva Madame, il suo volto in apparenza immutabile. E tace.

– Devo andare, – dice dopo un po', senza guardare l'orologio.

– Capisco, – dice Madame. – Ti accompagno.

Si alza e la scorta fino all'ingresso. E lí, sulla soglia, in silenzio, a sorpresa, la abbraccia. O meglio, si abbracciano, perché Zoe è sicura che si siano mosse insieme, una verso l'altra, con lo stesso slancio, la stessa intenzione.

Ecco, cosí è piú facile dirsi addio. Senza parole inutili, solo con un gesto.

– Cos'è che dovevi dirle di tanto importante? – chiede Laila a Zoe che col fiatone si abbandona sul letto. A quanto pare la fuga non è stata scoperta, e comunque, come si era ripromessa, non è stata via piú di mezz'ora. E non ha fatto niente di male.

– Zoe? Marte chiama Terra! Ci sei?

– Ah, sí... niente. Non dovevo dirle niente. Non le ho detto niente.

– E hai rischiato di farti beccare per non dirle niente?

– Tanto partiamo domani. Cosa avrebbero potuto farmi? Tenermi senza zuppa di cavoli stasera a cena?

– E lei cos'ha detto? Era stupita di vederti, immagino...

– Veramente no, – dice Zoe. – Credo che se lo aspettasse.

Laila la guarda perplessa, ma Zoe non aggiunge altro. E l'amica capisce che per quanto possa chiedere e insistere, non saprà altro. Guarda Zoe con tenerezza, senza invidia: a lei Madame ha sempre fatto un po' paura, e l'effetto continua anche adesso che è cresciuta. Brrr: la sola idea di restare a tu per tu con lei le mette i brividi. Zoe no, Zoe è diversa.

Laila sospira, va alla finestra, vede il mondo tingersi un'altra volta di quelle impossibili sfumature di rosa destinate a durare per ore e ore. Non sa se le piace, questo genere di tramonto: a casa è bello perché dura poco, perché sai che bastano pochi secondi per trasformare il rosa in nero, e questo te lo fa apprezzare anche di piú. Adesso ha bisogno di un po' di rassicuranti, rapidissimi tramonti estivi normali... anche se Istvan le mancherà. Ma noi ballerine giriamo il mondo, si dice, raddrizzando le spalle. Abbiamo un fidanzato in ogni porto. Come i marinai. E sorride fra sé.

Zoe la osserva di sottecchi. Certo che Laila è proprio un mistero. Sembra un topolino, ancora prigioniera com'è del suo ruolo di eterna prima della classe, ancora bambina, per molti versi. Ma si capisce che sotto sotto c'è qualcosa che ribolle. Questa storia di Istvan, per esempio: è la prima volta che Zoe la vede interessata a un ragazzo, e in modo cosí esplicito, scoperto, quasi ingenuo. Forse perché sapeva che non c'era tempo, e che comunque non ci avrebbe perso niente, a essere spontanea. Comunque si è buttata, e si è divertita, è stata bene. Adesso farà fatica a rientrare nei ranghi, con la rigida nonna francese che la aspetta al varco, tutte quelle pretese di disciplina, quelle abitudini un po' fuori dal tempo... prima o poi Laila si ribellerà, e ci resteranno tutti di sale. Almeno io, si dice Zoe, ho avuto qualche avvisaglia, una piccola anteprima. Cosí potrò starle vicino quando cambierà e nessuno la riconoscerà piú.

E io come sono? si chiede, appena prima che il sonno si impadronisca di lei. Sono già cambiata? Cambio un po' al giorno, piano piano, come un bruco mangiafoglie dentro il suo bozzolo? Ho voglia di diventare farfalla, o mi piace restare informe ancora un po', cosí ho piú tempo per me, per decidere cosa voglio essere? Uff, i soliti pensieri di crescita. Il papà dice che quando era un ragazzino a lui venivano i dolori alle ossa, c'erano dei giorni che doveva stare a letto tanto gli facevano male. E poi quando si rialzava era tre centimetri piú alto. A me, dice Zoe, vengono i pensieri. Be', sempre meglio dei dolori. Almeno, si dice addormentandosi, quelli non fanno male. A volte danno fastidio, sono molesti, irritanti, ma dolorosi proprio no.

UNA LUNGA CONVERSAZIONE

La casa sembra piccola, senza Marta, che è andata al mare per una settimana ospite di un'amica, prima trasferta nella sua breve storia di bambina, e senza Sara che è partita per una vacanza-studio nel Sud della Francia. – Ho come la sensazione che le proporzioni tra studio e vacanza siano molto sbilanciate, – commenta la mamma, aiutando Zoe a disfare le valigie e decidere che cosa va lavato e che cosa è solo orrendamente stropicciato. – Ma almeno ha cambiato un po' compagnia.

– E noi? Quando si parte? – chiede Zoe. Non sa se ha già voglia di andarsene o se in fondo le va piú a genio l'idea di godersi un po' quel silenzio ovattato, la frescura delicata del condizionamento regolato con moderazione, e i genitori tutti per sé, come la figlia unica che non è mai stata. – Perché Sara è stata figlia unica per un po', – dice, seguendo il filo dei suoi pensieri, e la mamma la guarda sorpresa, poi sembra capire e sorride. – Sí, ed era destinata a diventare viziata e insopportabile. Per fortuna poi sei arrivata tu.

– Mi fai ridere, mamma. Come se fossi stata consegnata dalla cicogna.

– Ma dai, è un modo di dire. Comunque non so quando partiamo. Il papà ha ancora un po' da fare, possiamo anche andare noi e poi lui ci raggiunge, dipende da me e te.

– Allora stiamo qualche giorno qui. Devo... riprendere le misure, ecco. E vedere un po' di gente.

– Le tue amiche sono tutte via, mi hanno chiamato le mamme per salutare, – dice la mamma.

– Sí, ma a scuola c'è sicuramente qualcuno.

– Quella scuola è proprio come il Polo Nord, e tu sei l'ago della bussola: punti sempre lí. Pensavo che volessi prenderti una vera vacanza...

– Sí. Ma devo almeno andare a salutare, riferire dello stage. Se lo aspettano.

– Capisco. Vuoi raccontare a qualcuno quello che avete fatto, ma dev'essere qualcuno al quale tu possa spiegare tutti i dettagli tecnici sapendo che capisce al volo. Per me e tuo padre bastano i dettagli da turista...

– Ma dai, non offenderti.

– Non sono offesa. Sono realistica. Ah, verrà il momento che non basteremo piú nemmeno a Marta... ci mettete cosí poco tempo a crescere. Ma non voglio essere noiosa. Ti va una zuppa fredda per cena?

– Basta che non sia di cavoli.

La mattina dopo, Zoe parte per l'Accademia. Piú leggera e libera del solito, senza borsa e senza divisa. E infatti si sente strana, a varcare la soglia con i pantajazz azzurri e la canottiera bianca, che all'improvviso le appaiono cosí frivoli.

Laila non è voluta venire. – Vai da sola, – ha detto. – Io parto oggi pomeriggio, ho telefonato ieri a Ekatombe, tutto bene. Ci si vede a settembre, eh? – Era leggera, allegra. Come se alla fine la nostalgia anticipata per le Notti Bianche e Istvan, i sospiri sospirati in volo, tutto quanto fosse svanito al momento dell'atterraggio. Forse è solo saggezza, pensa Zoe: a cosa serve gemere per qualcosa che non puoi avere? E Laila è cosí concreta, alla fine.

Zoe percorre il corridoio della direzione. La porta della segreteria è chiusa; un avviso in bacheca annuncia che la segretaria sarà di nuovo presente a partire da lunedí 2 settembre. Invece la porta dello studio della direttrice è aperta di uno spiraglio. E dietro i vetri satinati s'intravvede una figura, si indovinano movimenti.

– Posso? – Zoe spinge la porta. Ekaterina Vladic è in piedi davanti alla libreria: sistema una fotografia incorniciata d'argento.

– Ah, sei tu, Zoe. Bentornata. Vieni, vieni. Parliamo un po'.

Posa la foto, e Zoe fa in tempo a sbirciare la sagoma di una bambina in tutú azzurro prima di sedersi di fronte alla scrivania.

– Allora, com'è andata lassú? Naturalmente ho ricevuto le relazioni degli insegnanti e un messaggio di Madame Olenska, ma mi piacerebbe conoscere le tue impressioni. Sapere cosa ti è piaciuto, cosa no, e se ci sono delle cose che potendo introdurresti anche qui all'Accademia.

Mmm, pensa Zoe. Domande difficili. Se dico qualcosa di negativo, passerò per un tipo ipercritico. Se invece dico solo cose positive, sembrerà che sia per compiacerla. E allora?

Allora meglio essere sinceri. Sospira a fondo, e comincia.

Racconta della lezione dimostrativa tenuta davanti ai compagni, di com'è stato difficile accettare l'idea, piú che realizzarla, perché voleva dire pensare di avere qualcosa da

insegnare e da mostrare, qualcosa di diverso e prezioso. Insomma, è piú facile stare al proprio posto, soprattutto dove la disciplina è tanto importante, che scambiarsi i ruoli, o prendere un posto di solito riservato agli adulti.

Racconta delle tre ragazze di Heidelberg, di come erano spaesate e lo sono rimaste fino all'ultimo giorno, mentre lei e Laila, a parte qualche momento di perplessità iniziale, si sono subito ritrovate nei ritmi e nei modi d'insegnamento. Dice che la tecnica è in qualche modo privilegiata rispetto all'espressione, ma naturalmente dal suo punto di vista, per quello che riguarda gli allievi della sua età: qui all'Accademia vengono incoraggiati a essere creativi fin da giovanissimi, lassú è come se cominciassero dopo, come se prima contasse soltanto formarsi delle solide basi. Ma ovviamente non ha seguito le lezioni dei piú grandi, dove invece le hanno detto che si fa tantissimo *pas de deux*, e che si studia il repertorio. Le sono piaciute le poche lezioni di storia che ha seguito, anche se ovviamente dei commenti degli insegnanti non ha capito quasi nulla, perché sono molto *visive*, e il materiale da guardare – foto, diapositive, DVD – è ricchissimo, anche se molto diverso da quello che hanno a disposizione loro: lassú ci sono state veramente tante stelle che strappano mormorii ammirati ai ragazzi russi quando ne sentono pronunciare il nome, ma non dicono nulla a un ragazzino occidentale.

– Capisco, – dice Ekatombe alla fine, con dolcezza, e Zoe si sorprende a pensare che il soprannome, come capita spesso con i prof, forse è stato scelto troppo in fretta, ed è immotivato. – Sí, penso che certe cose debbano suonare strane alle vostre orecchie tanto quanto suonano naturali alle mie. Ma se, come mi pare, l'esperienza è stata positiva, credo che sarebbe interessante farla diventare a doppio senso: avere qui qualche loro allievo e proporgli lo stesso percorso che avete fatto voi. Madame è molto contenta di come vi siete comportate: dice, – e prende un foglio dalla scrivania, e legge, – «le ragazze hanno reso onore alla fama dell'Accademia come e meglio di quanto potevo aspettarmi, dimostrando maturità, spirito collaborativo, attenzione, vivacità intellettuale». Be', dette da Madame non sono cose da poco, vero?

Zoe sgrana gli occhi. Vero. Un conto è sapere della stima di Madame, un conto è ascoltarla cosí, e sapere che è stata messa per iscritto, inchiostro su carta. Deve dirlo a Laila, subito, stasera.

– Temo solo che dopo l'esperienza internazionale i confini dell'Accademia, qui, ti sembrino un po' stretti... – dice Ekaterina, guardandola di sottecchi.

– Oh, no, – dice subito Zoe. – Io sono contenta di andar via, ma anche di tornare. Cioè... insomma... mi scusi, mi sono espressa come una bambina. Quello che volevo dire è...

– Ho capito benissimo, – sorride la direttrice. – E mi sembra una bella cosa. Non avere paura di nuove sfide, ma capire che quella vera è sempre qui, ad aspettarti. Noi pretendiamo molto dai nostri allievi proprio perché siano preparati ad affrontare il mondo anche senza troppo preavviso, cosí com'è successo a voi. Perché siano disposti a osservare, ascoltare, e anche criticare. Come puoi immaginare, io ho accettato di prendere il posto di Madame con un misto di apprensione e orgoglio. È difficile essere alla sua altezza. E insieme era un tale onore che non ho potuto rifiutare, anche se forse mi sarebbe piaciuto protrarre di qualche anno la mia carriera in scena. Ma sapevo che era questione di poche stagioni e mi sarei ritirata, sono convinta che lo si debba fare quando si è al massimo della maturità, senza aspettare il declino. E quindi ho colto al volo l'occasione. Sapendo che quello che ci si aspettava da me era continuità, ma anche rinnovamento. E che avrei dovuto trovare la maniera di innestare l'uno sull'altra con grande delicatezza. Ti parlo cosí perché so che sei molto cara a Madame e che hai un legame speciale con lei. Io sto facendo del mio meglio. Ma ho bisogno di allievi attenti e aperti alle novità. Come te.

Zoe si agita sulla sedia. È un po' in imbarazzo. La direttrice continua: – Come te, e parecchi del tuo gruppo. È un'annata buona, la vostra. Lo dico perché spero che resterete uniti. La vostra forza è anche quello che vi unisce, il fatto di lavorare cosí bene insieme, senza rivalità che non sia quel po' di sana competizione che dà il sale alle lezioni.

Cala un silenzio strano, rotto solo dal rumore del traffico che entra a ventate dalla finestra aperta. Zoe parla quasi senza pensare quando chiede: – Ma lei alla mia età com'era?

– Timida, – risponde Ekaterina Vladic. – Molto magra, molto determinata, e solitaria. Per questo sono contenta che voi siate un gruppo, invece. Perché insieme si fa meno fatica. Ci si dà una mano. Ci si trascina. Se qualcuno ha un momento di debolezza, gli altri lo aiutano a superarlo. Io avevo compagni molto aggressivi. Ognuno di noi era solo. E gareggiare può essere molto utile, ma alla lunga, tutti i giorni, logora. Questa è una cosa che credo sia cambiata anche in quell'altra Accademia. Qui di certo non viene incoraggiata, e mi sembra molto saggio, molto giusto. Quanto all'idea di vedere di piú, mi sembra buona. E credo che proprio alla Vaganova possano darci del materiale inedito che troverete molto, molto interessante...

Non dice altro, si alza, Zoe capisce che sta per essere congedata e le stringe la mano augurandole buona estate. Chissà di cosa stava parlando, si chiede scendendo le scale. Chissà che cosa c'è da vedere in quel materiale inedito. Qualche idea Zoe ce l'avrebbe...

Ma fuori c'è il mondo, e le vacanze pronte a cominciare, e cosí si avvia verso il centro invece che verso casa, con la voglia di perdere lo sguardo dentro qualche vetrina, di guardare la gente, di non pensare a niente. Ogni tanto si può, si deve, e fa bene.

LE LETTERE D'ESTATE

Cara Zoe,

notiziona! Sono riuscita a convincere Mamie a fare un altro giro di Parigi, quello che mi hai suggerito tu. Basta con le sartorie per brave bambine, benvenute boutiques. Ma siccome Mamie è fatta com'è fatta, e ho imparato che invece dello scontro diretto con lei è meglio cercare il compromesso, siamo scese a patti e ci siamo infilate in Rue de La Paix. Sono stata in contemplazione delle vetrine di Repetto per dieci minuti prima di entrare: immagina una pasticceria, però invece dei dolci ci sono cumuli di cose dedicate alla danza... Eh sí, finisco sempre lí, al balletto e dintorni, non riesco a evitarlo. Però, come tu ben sai, lí fanno anche scarpe da mettere tutti i giorni, nella vita, fuori dal palcoscenico. Cosí tornerò con due paia di ballerine da comune mortale e un paio di tutine da studio che mi ricorderanno le vacanze.

Ho preso una cosa anche per te: una borsina col marchio, una specie di trousse per i trucchi, se vuoi, ma ci puoi mettere anche le

scarpette, insomma, qualcosa di non troppo ingombrante. Diciamo che è una borsa nella borsa. Argento, invece che il solito rosa.

Per il resto, tutto come sempre. Il tè per le amiche (sue) allo château, un giro dal parrucchiere (suo) per regolare i capelli, che poi me lo spieghi a cosa serve il parrucchiere parisien, se ha dovuto solo accorciarmi la chioma di due centimetri col solito taglio orizzontale? Quando Mamie si è allontanata lui ha sfilato alcune foto da sotto il camice e mi ha detto che sarei stata benissimo con quei tagli lí. «Sí, ma io sono una ballerina» gli ho detto. «Ah, je comprends» ha detto lui, e ha rimesso via i suoi tagli fantasiosi, tutto mogio. Pensa se mi venisse mai in mente di farmene uno... poi dovrei incollarmi i capelli alla testa con il gel, e magari mettermi uno chignon posticcio, per presentarmi a lezione. Che ridere. Conosco un paio di persone che non lo troverebbero affatto divertente. Però a me piacerebbe vedermi un po' diversa, per una volta.

Che dire ancora? Che ti auguro una vacanza un po' piú movimentata della mia. Ah, mi ha scritto Istvan, mi ha mandato in allegato le foto che ci siamo fatti quella sera alla taverna, alcune di gruppo e poi tutte quelle in cui compaio io. Piú una assieme a lui, e una solo sua. Mi guarda in tralice con quei suoi strani occhi cangianti, e io mi sento sciogliere... ma siamo troppo lontani. Come sono saggia, eh? A volte un po' troppo, lo so. Ma quando mi taglierò i capelli prenderò anche tutto il coraggio del mondo tra le mani, e cambierò.

Un bacio

Laila

Cara Zoe,

è finita la tua avventura russa? Devi raccontarmi tutto, o almeno le cose piú importanti. Come hai trovato Madame nel suo habitat naturale? È meno feroce? O di piú?

Io sono in giro per la Spagna, come ti avevo detto. Per fortuna un computer si trova dappertutto e cosí la sera riesco a ritagliarmi mezz'oretta per scrivere agli amici come te. Credo di essere un po' stanco di queste vacanze formato famiglia. Mi diverto, però ho bisogno di un altro tipo di compagnia. Mi sento un po' stretto, ecco. E poi devo sempre fare da babysitter a mio fratello... Ieri eravamo a Siviglia e ho visto una cosa che mi ha emozionato: la tomba di Cristoforo Colombo, nella cattedrale. È un enorme parallelepipedo sorretto da quattro grandi statue scure, come se l'avessero appena portato dentro per la celebrazione funebre. Ci pensi? I resti di Cristoforo Colombo... quando lo si studia a scuola sembra piú una leggenda, un essere immaginario. E invece.

La sera poi siamo andati a vedere uno spettacolo di flamenco. Non era roba da turisti, grazie al cielo. E mi è piaciuto molto. Forse adesso che invecchio comincio ad apprezzare anch'io la danza popolare... ammesso che si possa definire popolare. C'è una tale nobiltà in quei gesti, una tale solennità.

Be', mi auguro che la tua estate sia piú a misura di ragazzo della mia. E spero di vederti presto, anche se so che è una speranza un po' indefinita.

Un abbraccio

Jonathan

Cara la mia Ballerina dell'Anno,

come te la passi? Sei tornata dalla Russia con una coroncina da principessa piantata nei capelli? Quando la smetti di fare la prima della classe e torni fra noi comuni mortali? Scherzo, su. Dai tuoi messaggi ho capito che sei stata piuttosto bene, lassú. Attendo dettagli.

La crociera in Grecia è andata benissimo: non mi sono scottata, e anzi, la mia abbronzatura color ambra è deliziosa. Sembro un'altra. Kostos, il piú giovane dei marinai, mi ha insegnato parecchie cose sulla vela, cosí non mi sono annoiata, mi sono resa utile e ho anche flirtato con lui. Per quanto era possibile sotto

lo sguardo torvo del papà... Figurati un po'. Ho scoperto che c'è un ragazzo greco che si chiama come lui in un libro che mi aveva comprato la mamma prima che partissi: s'intitola Quattro amiche e un paio di jeans *e parla di quattro amiche e un paio di jeans, pensa un po'. Nel senso che i jeans vanno bene a tutte e quattro anche se sono diversissime, e se li scambiano, e passano l'estate separate, però è come se fossero sempre unite. Come vere amiche, appunto. Noi potremmo scrivere* Quattro amiche e un paio di scaldamuscoli *e ambientare la nostra storia d'inverno, che è la stagione piú adatta a quel tipo di indumento, e reinventarci. Cosa ne dici? Io sono convinta che sarebbe un successone. Peccato che scrivere non sia proprio la mia passione primaria. Direi che quella parte lí puoi farla tu, cosa ne dici?*

Molti baci

Leda

Cara Zoe,

un messaggio velocissimo per dirti che sono ingrassata di due chili in un mese! Colpa della vacanza in Tirolo che si è inventata la mamma. Camminiamo tutto il giorno, e la sera si mangia come lupi. Fanno dei dolci, qui...

Be', devo dire che due chili sulla mia altezza non si vedono molto. Però sto bene. Ho la faccia un po' piú piena, non sembro il solito fantasmino. E l'abbronzatura aiuta. Sarà molto difficile tenermi lontana dalle pasticcerie, adesso. Naturalmente scherzo. Non credo proprio di voler cadere da un eccesso all'altro. Meglio stare in equilibrio, come sulle punte.

Un abbraccio

Aliai

Cara Zoe,

è tornata l'estate ma sono mesi che non ci sentiamo... tutto bene? Qui tutto tranquillo, ho smesso a giugno le mie lezioni di danza ma riprendo a settembre. Credo che andrò avanti cosí ancora un paio d'anni, e poi riproverò a farmi ammettere in una scuola grande, magari proprio l'Accademia, se mi vogliono ancora.

L'idea che manca ancora cosí tanto tempo prima di andare via di casa mi fa star bene. Si vede proprio che non ho l'anima da vagabonda, eh? A me piace la mia vita qui, con il mare, la spiaggia anche d'inverno, le cose buone che fa la mia mamma, i miei fratelli che litigano, il papà che ci urla dietro... insomma, ognuno è fatto com'è fatto. L'importante è capirlo e trarne le conseguenze.

Ti saluto con tanto affetto e spero di avere presto tue notizie

Diletta

Da Lucas, solo una cartolina. Però è scritta fitta fitta, e parla con entusiasmo di una nuova compagnia di danza contemporanea, i Senzascalo, che ha visto in un festival estivo... Il solito Lucas, pronto ad accendersi per qualunque novità.

Tra le lettere vere, con la busta, il francobollo e tutto, e i messaggi via mail, Zoe sente di aver collezionato un bel bottino. Ad alcuni ha già risposto; presto penserà anche agli altri. Le piace sentirsi circondata da tutti questi pensieri, sapere che i suoi amici hanno voglia di dirle quello che fanno e sentono anche da una grande lontananza. Pensa che doveva essere difficile, un tempo, quando a garantire la comunicazione a distanza era solo la posta: o forse era soltanto questione di abitudine, bastava avere pazienza e i messaggi arrivavano. Bastava crederci di piú, avere la convinzione profonda di possedere veri legami, veri amici. Cosí da non farsi scoraggiare o da non restare delusi se fra una lettera e l'altra passavano troppe settimane.

Adesso, mentre raccoglie oggetti e pensieri e fa le valigie per andare al mare, pensa che in fondo le piacerebbe scrivere una sola lettera a tutti, proprio collettiva, al plurale: e non per risparmiare tempo, ma perché li sente davvero come una sola entità, unita, compatta. I suoi amici. Le persone che dividono con lei piú tempo di chiunque altro. Anche piú della sua famiglia, se si escludono le ore del sonno, in cui comunque non si è presenti se non con il corpo addormentato. Non è strano, questo? Certo che lo è. Ma alla fine è come se anche i suoi amici fossero un pezzo importante della famiglia. Se e finché può contare su di loro, sapere che ci sono, ed esserci per loro.

Cari tutti quanti, anche quelli che non mi hanno scritto e che sento vicini,

è stato uno strano inizio d'estate, questo, perché ci siamo congedati troppo in fretta, senza celebrare nessuno dei nostri riti. Ma forse non è che ne abbiamo un gran bisogno, a ben guardare: siamo sempre in pizzeria, in gelateria, al cinema, anche quando non c'è altro da festeggiare che l'allegria di stare insieme.

Comunque, è vero che con molti di voi non ci siamo nemmeno incrociati, dopo che sono tornata da San Pietroburgo. E altri non li vedo da un pezzo. Credo che non sia cosí importante, tutto som-

mato. Vedersi. Certo, non potremmo essere quello che siamo se non passassimo un sacco di tempo insieme. Ma quando si è capito e deciso che si sta bene, che ci si intende, che si hanno cose in comune, che si ha voglia di scambiarsi pensieri e affetto e idee e insulti e abbracci e sincerità, allora, diciamocelo, anche se non ci si vede proprio sempre, che differenza fa?

Ti vedo, Leda, che storci il naso. Tu sei sempre stata convinta che due amiche devono stare appiccicate. Sono sicura invece che uno come Florian, che ha tanti affetti lontani e non per questo meno forti, mi capisce di piú. Chiunque sia lontano è piú disposto a capire questo discorso, perché non può farne a meno. Tu, Jonathan. E tu, Diletta.

Era solo per dirvi, comunque, che vi penserò in queste settimane che passeremo separati. E non avrò bisogno di farlo apposta, perché entrerete nei miei pensieri tutte le volte che vedrò un oggetto, sentirò una frase, osserverò un gesto che mi riporta a voi. È successo quando ero in Russia, e avevo mille cose a cui pensare, ma voi v'insinuavate comunque dentro di me: davvero, bastava cosí poco per mettere in moto una catena di pensieri che mi portava dritto a voi.

E poi l'estate dura cosí poco che tra un baleno sarà già ora di rivedersi e di tornare a stare insieme.

Un grandissimo bacio a chi è piú vicino e a chi resta lontano

Zoe

il BALLETTO PERFETTO

Che strane, le letture d'estate. Ci sono quelle che fanno parte dei compiti delle vacanze, comandate, quindi, e i metodi sono due: o si fanno fuori subito, per togliersi il pensiero, oppure, se si è di memoria corta, si aspetta l'ultimo momento in modo da non rischiare di dimenticarsi tutto ed essere costretti a un ripasso-rilettura in extremis. Essendo l'anno di transito tra medie e superiori, ci sono solo delle letture consigliate: e Zoe, che si fida della prof di italiano, ha comprato tutto. Calvino, Primo Levi e Fred Uhlman, un libro piccolo e commovente, *L'amico ritrovato*, che le è piaciuto moltissimo.

In compenso non ci sono i compiti. Il che vuol dire che tutto il tempo che normalmente si impiegherebbe con l'algebra e i saggi e gli esercizi è libero e sterminato. Ovvero, lo si può riempire di altri libri. Ha appena finito di leggerne uno strano, scritto da una famosa critica di balletto, una donna con i lineamenti decisi e la voce bassa che ha visto e sentito anche alla televisione. Gliel'ha portato la mamma da una sua incursione in libreria, certo negli scaffali dove guarda di solito lei – narrativa ragazzi, viaggi, storie d'amore – non sarebbe mai capitato nemmeno per sbaglio. Parte dall'analisi di un balletto, *Giselle*, che lei definisce il balletto perfetto, e poi spiega perché. Ma *Giselle* è solo il punto di partenza per parlare di grandi interpreti, scuole diverse, coreografia...

– L'hai finito? Temevo che ti annoiassi, – dice la mamma vedendo il libro, un po' gualcito come capita quando si legge sulla spiaggia e sabbia e salsedine gonfiano le pagine, posato sul dondolo. – Voglio dire, è tutt'altro che noioso, ma è un libro da grandi.

– E io cosa sono, secondo te? – chiede Zoe, ma senza arroganza, cosí, per scherzare. – Invece mi è piaciuto molto. Sul serio. E mi ha fatto pensare.

– Be', è quello che dovrebbero fare tutti i libri, no? Risvegliare un'eco. Destare una sequenza di pensieri. Cos'hai pensato?

È sera, e sono sul balcone. Zoe ha i capelli umidi di doccia appena fatta e freschi di shampoo – incredibile, quanto sia effimero il profumo dello shampoo: è ancora intenso finché i capelli sono bagnati, poi evapora rapidissimo. Il papà sta assistendo Marta che ha deciso che ormai è grande e si lava da sola, però ha bisogno di qualcuno che le passi l'accappatoio, la aiuti a uscire dalla vasca, le pettini i capelli, la blocchi quando tenta di versarci sopra mezza boccetta di balsamo... Sara invece è uscita a prendere l'aperitivo con gli amici, perché dopo, stranamente, resterà con la famiglia. È in programma un'uscita a cena, in un buon ristorante di pesce, e non se la vuole perdere. La mamma si è cambiata per prima: sta bene, con l'abbronzatura ancora tenue dei primi giorni e l'aria già rilassata, distesa. Gli orecchini d'ambra, due gocce appese a due palline, che Zoe le ha portato dalla Russia le fanno risplendere le pagliuzze gialle, strane, da gatto, che ha nelle pupille.

– Stavo pensando... Io non ho un vero balletto perfetto. Voglio dire, me ne piacciono tanti, ma tutti allo stesso modo. Forse perché non li ho ancora danzati. E un conto è vederli da spettatrice, un conto è esserci dentro. Almeno credo. Però lo so, un po', che cos'è il balletto perfetto.

– Me lo vuoi dire? – La mamma lo dice piano, come esitante. Si capisce che non vuole essere invadente e insieme le piacerebbe condividere un momento d'intimità.

– Ma sicuro. Anche perché se te lo dico forse me lo chiarisco anch'io. Un balletto perfetto è quando... quando i passi sembrano fatti per te, pensati per te. Perché ti ci ritrovi, sei in grado di eseguirli tutti, non hai l'ansia di non essere capace, o di sbagliare.

– Ma allora è un balletto facile, – dice la mamma.

– No. Non per forza. È solo un balletto che hai provato un milione di volte, e anche quello che all'inizio non ti veniva, o che temevi, riesci a farlo come si deve. A dominarlo.

– Quindi il balletto perfetto è quello per il quale ti sei esercitata fino allo sfinimento...

– Sí. E nonostante questo ti piace ancora, ha ancora un senso danzarlo.

– È strano, – dice la mamma. – Pensavo che ci fosse piú un aspetto di sfida, di obiettivi alti...

– Ma è cosí, mamma, – le spiega Zoe. – Solo che sono ostacoli che hai già superato.

– E poi? Non credo che sia tutto qui, – dice la mamma dopo una lunga pausa passata a contemplare insieme il tramonto.

– No, infatti. Il balletto perfetto è anche quello che danzi con i compagni perfetti.

– E come devono essere? Gentili? Accomodanti? Meno bravi di te, cosí ti consentono di brillare?

– No. Devono provare le stesse cose che provi tu. Danzare per le stesse ragioni.

– Tipo?

– Perché è bello. Perché ti fa star bene. Perché è la cosa piú importante del mondo.

– Davvero per te danzare è la cosa piú importante del mondo?

Zoe riflette prima di rispondere. Poi fa un gran sospiro e dice: – Al momento direi di sí.

– È bello che tu lo sappia, Zoe. Visto che hai deciso di restare al liceo dell'Accademia. Non è ancora una scelta per la vita, certo, si può sempre cambiare. Ma è un passo importante.

– Lo so, mamma, lo so. E adesso la vogliamo smettere di fare discorsi seri? Tu cosa ordini stasera?

– Risotto coi frutti di mare, se qualcuno lo prende con me. Altrimenti linguine allo scoglio.

– Io il fritto! – esclama Marta, saltellando verso di loro. Ha i capelli bagnati, sembra un cucciolo che ha giocato nell'acqua. – Andiamo? Andiamo?

– Scommetto che parlavate di danza. Siete cosí solenni... – dice il papà, raggiungendole. – Possiamo mandare la testa in vacanza per un po'?

– Sicuro, – dice Zoe, e si alza. Per stasera può dimenticarsi di essere una ballerina, e fare solo la turista golosa.

RITROVARSI

Sono rimasti tutti, ma non è una sorpresa, visto che le preiscrizioni chiudevano a gennaio: nella classe di Zoe hanno deciso tutti di frequentare il liceo coreutico dell'Accademia, che è al primo anno di vita, quindi è una scuola sperimentale.

Prima, i ragazzi delle superiori frequentavano un liceo non troppo lontano, ma era comunque scomodo doversi spostare avanti e indietro tra le lezioni sui banchi e quelle nelle sale prove.

– Vorrà dire che siamo come delle cavie, – commenta Lucas.

– Già, degli esemplari rari da tenere sotto osservazione, – rincara Leda.

– Libellule! – scherza Laila.

– Mi dispiace, ma mi rifiuto di essere paragonata a un insetto. Sono tutti orrendi, – dice Aliai.

– Anche quelli con le ali? – le chiede Laila, questa volta serissima.

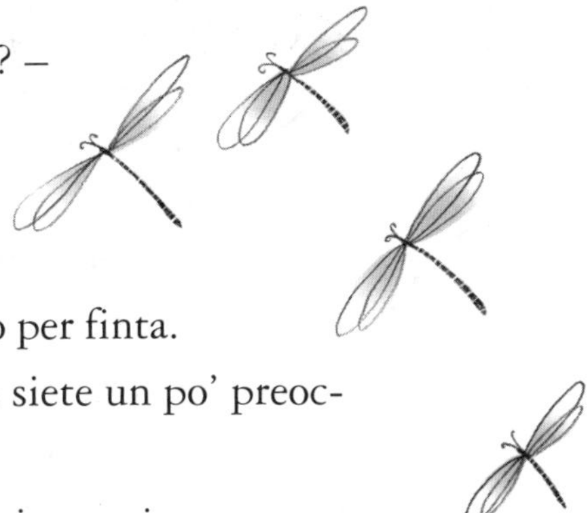

– Anche quelli, – risponde Aliai, rabbrividendo per finta.

– Sul serio, ragazzi. Non siete un po' preoccupati? – dice Lucas.

– Ma dai. Siamo tutti insieme, siamo sempre nella stessa scuola, abbiamo gli stessi insegnanti di danza. Un sacco di certezze contro qualche mistero, – interviene Zoe. – Ma un po' di mistero rende piú eccitante l'avventura, no?

È la vigilia del primo giorno di scuola, e sono già tutti lí, seduti sulle scale dell'Accademia, quindi *fuori*, a ben guardare, ma in realtà *dentro*, e fino al collo. Guardano i piccoli delle elementari e delle medie che escono dalle lezioni (loro hanno cominciato oggi, ed è giusto: dev'esserci qualche privilegio nel crescere, no?) e sciamano attorno a loro tenendo una certa distanza. Li osservano con ammirazione e reverenza, o almeno cosí pare a Zoe. – Sembra anche a voi che ci guardino un po' strano? – chiede agli altri.

– Ma sicuro. Siamo i signori della scuola. Meritiamo rispetto, – dice Lucas.

– Il primo che mi dà del lei si prende un pugno sul naso, – dice Leda, bellicosa. – Non voglio invecchiare. Voglio diventare grande.

– Ma dai. Proprio adesso che sembra che ti sia fermata? Dillo piano, altrimenti ricominci ad allungarti, – scherza Lucas, e Leda gli dà una gomitata per finta. È vero: sembra che la sua altezza si sia finalmente stabilizzata, e considerato che gli altri sono cresciuti tutti, nel frattempo, non è piú cosí giraffa come una volta. Non che le importi, visto che è la prima a riderci sopra.

Mia e Nada invece sono immutabili, identiche a se stesse e l'una all'altra, quasi indistinguibili. Pallide, come porcellanate, perché non hanno lasciato la città: ma sono state bene, hanno assicurato ai compagni. E Zoe si è figurata lunghe mattine di pianoforte e colori mescolati. Sono cosí composte, cosí tranquille. È il loro modo di affrontare la vita e il mondo: cosí poco da ragazzine, tutto sommato. Ma Zoe è convinta che otterranno comunque quello che vogliono, anche senza fare rumore e pestare i piedi.

– Avete visto Rocco? – chiede Laila a un certo punto.

– No. Ma i miei informatori riferiscono che ha rotto con Francine, – dice Leda.

– Strano. Sembrava la storia del secolo… – ironizza Aliai.

Ed eccolo lí, Rocco, che sale le scale, li vede, rallenta, accenna un sorriso e saluta con la mano. – Hi. Come vi va?

È molto abbronzato, come se fosse appena sceso da un surf, e i muscoli sono ben disegnati sotto la maglietta bianca semplice e piuttosto stretta.

– Fatto movimento, eh? – dice Lucas, dandogli il cinque.

– Sono tornato l'altroieri dall'Australia. Sono ancora un po' suonato. Sapete, il fuso.

– Eh, dev'essere stata durissima, passare le vacanze in quel luogo selvaggio… – scherza Lucas.

Rocco ride. – Già. Però sono contento che sono tornato. Sono contento che sono qui.

Gli altri si guardano, e sembra che tra loro scorra un tacito messaggio. Sí, se Rocco vuole può unirsi di nuovo a loro. Da quando aveva cominciato a uscire con Francine si era allontanato. Era inevitabile.

– Mi siete mancati, – dice, guardando per terra e strofinando il piede su un gradino.

– Ehi! Guardate chi c'è! – esclama Aliai. Florian è appena uscito dal portone. Li vede, sorride, li raggiunge. Abbracci e pacche sulle spalle.

– Faccio l'esame di diploma a fine anno, – annuncia loro, eccitato. – Vladic mi ha detto che posso. Non è magnifico?

– Certo, – dice Zoe. – Certo –. Per lui il diploma vuol dire tanto: poter cominciare a lavorare, dare una mano alla sua famiglia. – Vieni a cena, una sera?

– Quando mi invitate, – risponde Florian. – Adesso vado, devo chiamare casa...

– Se lo merita, – dice Lucas, guardandolo allontanarsi.

– Eh, sí, – dice Zoe. – Il nostro fantasma preferito.

– Che si è liberato dalla maledizione ed è tornato in carne e ossa, – commenta Lucas.

– È di buon auspicio, no? Sarà un anno bellissimo, – dice Zoe.

E tutti tacciono, perché sono d'accordo con lei.

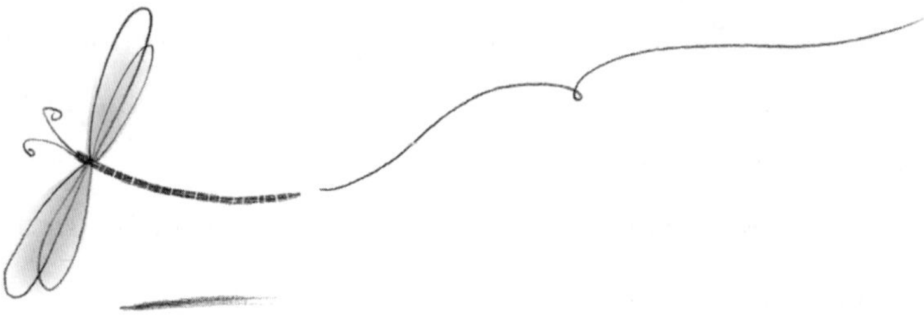

Scarpette Rosa

Scarpette Rosa

1 A PASSO DI DANZA

Zoe, dieci anni, frequenta fin da piccola la scuola di ballo del Teatro Accademia. La piú importante della città, una delle piú famose del mondo. Studiare danza sul serio non è facile, soprattutto con una direttrice severa come Madame Olenska. Ma ci sono gli amici: Leda, che sta crescendo un po' troppo in fretta; Lucas, con la sua passione sfrenata per la danza contemporanea; e Jonathan, il nuovo arrivato, timido ma tanto carino...

2 CHE CARATTERINO!

All'Accademia è arrivato un nuovo insegnante di danza di carattere. Si chiama Kaj e le sue lezioni sono appassionanti. Meno male, perché fuori dall'aula Zoe deve vedersela con i capricci e i piccoli tradimenti di Leda. Per fortuna c'è Agnese, che sa esserle vicina anche a distanza; e Jonathan, che forse sta diventando qualcosa di piú di un amico; e il maestro Fantin, l'anziano musicista; e Demetra, la sarta magica che sa creare tutú incantevoli...

3 AMICI VECCHI E NUOVI

Madame Olenska annuncia che sarà assente per alcuni mesi. Al suo posto arriva una nuova insegnante, Alicia Gimenez, e le lezioni di danza assumono per Zoe un sapore tutto nuovo. Intanto Lucas affronta la sua grande occasione: un provino per una parte nel nuovo spettacolo dei Momix. Ma non tutto fila liscio all'Accademia: ci sono i problemi di Aliai, e le solite perfidie di Laila...

Scarpette Rosa

4 SULLE PUNTE!

Madame Olenska annuncia alla classe di Zoe che potrà cominciare ad andare sulle punte in anticipo rispetto al programma. È come crescere troppo in fretta: una cosa che dà le vertigini e spaventa insieme. Mentre Jonathan inventa la prima coreografia e prova le prime gelosie della sua vita, Zoe affronta un mucchio di dubbi importanti: ha davvero talento per la danza? E se la risposta è no, che cosa farà della sua vita?

5 LA SCUOLA DI LONDRA

L'inizio dell'estate porta a Zoe una bella sorpresa: è stata ammessa a uno stage di perfezionamento a Londra con le allieve piú grandi. Ma c'è un problema: ci andrà anche Laila, l'allieva numero uno del loro corso. Che cosa succederà? Zoe e Laila di solito insieme fanno scintille: riusciranno ad andare d'accordo, questa volta? A Londra Zoe rivede Jonathan, col quale ha avuto qualche contrasto. Le cose tra loro torneranno come prima?

6 UN TUTÚ DI TROPPO

Diletta è una nuova allieva della scuola di ballo dell'Accademia: viene da una piccola città lontana, e la famiglia di Zoe si è offerta di ospitarla. Cosí Zoe si ritrova guardata a vista e si sente costretta a coinvolgere Diletta in tutte le cose che fa, comprese le uscite con gli amici. Come se non bastasse, Madame Olenska è scontenta di tutta la classe, e questo scatena mille dubbi nelle giovanissime ballerine...

Scarpette Rosa

7 CHI DANZERÀ CON LE STELLE?

Quante novità all'Accademia! Madame Olenska decide di assegnare una tutor ad alcune bambine piccole, per aiutarle nelle difficoltà: e a Zoe tocca l'imprevedibile, sorprendente Roberta. Intanto il grande coreografo Cazotte cerca cigni giovani per il suo Lago. Chi avrà la fortuna di danzare per lui? E nei corridoi della scuola si aggira un essere misterioso che potrebbe anche essere un fantasma...

8 PASSI INTRECCIATI

Si avvicina la fine dell'anno scolastico. Mentre tutti gli allievi dell'Accademia, dal piú piccolo al piú grande, sono impegnati in un progetto di danza molto animalesco, c'è chi si prepara a una svolta decisiva nella propria vita. Una svolta che lo porterà lontano, lontano. E Zoe, concentrata sui suoi piccoli enormi problemi, non se ne accorge nemmeno... Possibile che sia cosí distratta? E come reagirà ai cambiamenti?

9 LA DANZA DELL'ESTATE

Una lunga estate bollente, piena di piccole sorprese, attende Zoe alla fine di uno stage molto impegnativo. Un giro allegro di shopping a caccia di saldi, e le vacanze cominciano. Tra libri vecchi e libri nuovi, momenti di pigrizia e scatti di energia, danze contadine ed esercizi alla sbarra guardando il mare, la nostra amica si pone un interrogativo gigante: la vita sarebbe la stessa, senza l'Accademia?

Scarpette Rosa

10 PASSO A DUE

Misteriose, solitarie, e in piú gemelle, Mia e Nada Némirovsky sono le ultime arrivate all'Accademia. Molto brave, per di piú. Ma in un modo strano, come perfette bambole meccaniche. C'è chi è sospettoso, chi le evita, chi si prende gioco di loro, e chi, come Zoe, cerca di conoscerle meglio. E intanto Florian scopre quanto è brutto essere invidiati, e Lucas ha una nuova passione dirompente...

11 GRANDI NOVITÀ ALL'ACCADEMIA

Zoe è preoccupata. Si dice che Madame Olenska stia per lasciare la direzione della scuola. Una notizia sussurrata, che fa il giro dei corridoi, si gonfia, si ingigantisce. E Zoe non riesce nemmeno a immaginare come potrebbe essere l'Accademia senza Madame... Intanto le gemelle russe, Mia e Nada, sono alle prese con i propri talenti nascosti e il desiderio di dire la verità ai genitori che si aspettano altro da loro. Ce la faranno a essere sincere fino in fondo?

12 SU IL SIPARIO

Partita Madame Olenska, l'Accademia è col fiato sospeso: si attende il nuovo direttore. E quando finalmente arriva, è come ricominciare daccapo: bisogna farsi conoscere, dimostrare la propria bravura, in vista di un saggio complicato, tutto sulle punte, per Zoe e le sue compagne. È arrivato anche un nuovo ragazzo, intanto: si chiama Rocco, è esotico e carino. Zoe sente che con lui sta per succedere qualcosa...

Scarpette Rosa

13 UN BALLETTO INDIMENTICABILE

La nuova direttrice con un soprannome, Ekatombe, che la dice lunga. Rocco, l'ultimo arrivato all'Accademia, che esige risposte, impegni, promesse. Un vecchio amico che se ne va per sempre. Un balletto audace, un'autentica sfida. È la fine dell'inverno e Zoe deve affrontare tante cose insieme. Forse troppe, per una ragazzina che ha fretta di crescere ma a volte vorrebbe restare piccola, cullarsi ancora per un po' nella dolcezza evanescente dell'infanzia...

14 DANZA ALLA RUSSA

Zoe e Laila partono per uno stage estivo a San Pietroburgo. Saranno ospiti della stessa scuola in cui ha studiato Madame Olenska e incontreranno di nuovo la direttrice. Per Zoe è l'occasione di riallacciare un legame che è rimasto fondamentale e prezioso anche a distanza. Per tutte e due questa vacanza-studio (soprattutto studio) è l'occasione per scoprire una città affascinante, tuffarsi in lunghissime notti che non diventano mai nere, stringere nuove amicizie...

Scarpette Rosa

IL MONDO DEL BALLETTO

I balletti e gli interpreti piú celebri.
I mestieri dietro le quinte. Grandi scuole e piccoli segreti.
Tutto questo raccontato da Zoe e dai suoi amici: per entrare nel mondo della danza classica.
In punta di piedi.

DIARIO SEGRETO DI UNA BALLERINA

A un diario si può dire tutto.
Si deve dire tutto.
Ecco tante pagine per entrare nel mondo segreto di una giovane ballerina.
E tante altre da riempire di sogni e desideri.

IL MONDO DEL BALLETTO
I PRIMI PASSI

È rosa. È scintillante. È affascinante. Sí, d'accordo. Ma che cosa sai per davvero del mondo del balletto? Questa piccola guida ti racconta come funziona una scuola di danza, come ci si veste e ci si pettina, come ci si prepara alla lezione, che cosa succede dietro le quinte durante un saggio, quali sono le scuole piú importanti del mondo… Anzi, te lo racconto io, insieme ai miei compagni d'avventura.

Finito di stampare nel mese di marzo 2008
per conto delle Edizioni EL
presso LEGO S.p.A. - Stabilimento di Lavis (Tn)

VIENI A VISITARE
IL NOSTRO SITO

WWW.EDIZIONIEL.COM

CI POTRAI TROVARE
TUTTO IL NOSTRO CATALOGO,
LE NOVITÀ E LE ANTICIPAZIONI,
SCREENSAVER, DESKTOP,
APPUNTAMENTI CON GLI AUTORI
E TANTO ALTRO!